樂律

中國社會風俗史

從出生
老年

窺古代人生觀

永洲 著

送子神祈子、各民族葬法、

孝文化體現，傳統觀念溯源

在古代，中秋夜偷瓜是祈子的風俗？

如果偷到南瓜最好！代表能生男孩！

漢代開始，上天成為「不孝」的監督者？

到唐代，「忤逆不孝者」更是會遭到天打雷劈！

深入淺出地述說中國傳統風俗的豐富多樣性，

藉由大量資料勾勒出古人的生活樣貌和人生態度！

不僅是文化的傳承，也是對於人生各階段理解的體現！

目錄

前言

生老風俗

第一節　對新生命的呼喚 …… 024
第二節　幼有所長 …… 039
第三節　踏上人生之路 …… 054
第四節　敬老養老 …… 074
第五節　養生和養性 …… 086
第六節　人生觀念評析 …… 092

喪葬風俗

第一節　靈魂不滅的迷惑 …… 100
第二節　喪葬禮儀 …… 106
第三節　守制 …… 126
第四節　掃墓和祭祖 …… 139
第五節　喪葬與中國人的傳統觀念 …… 149

目錄

儒學風俗

第一節　儒學的流程 …………………………… 158
第二節　儒家的道德人格 ……………………… 182
第三節　儒家的孝道 …………………………… 228

前言

社會風俗是歷代相沿積久、約定俗成的風尚、禮節、習慣的總和，也是人們在衣食住行、婚喪生老、歲時節慶、生產活動、儒學思想、文化娛樂等方面廣泛的行為規範。它是一個國家、民族、地區的物質生活、科學文化、價值觀念、文化心理等社會物質文明和精神文明在日常生活中的反映。

一

關於風俗，中國古代有「風」、「風俗」、「民風」、「習俗」、「謠俗」等說法。西漢毛亨《詩·周南·關雎詁訓傳》講道：

風之始也，所以風天下而正夫婦也。故用之鄉人焉，用之邦國焉。風，風也，教也；風以動之，教以化之。詩者，志之所之也，在心為志，發言為詩。情動於中，而形於言。言之不足，故嗟嘆之，嗟嘆之不足，故永（詠）歌之，永歌之不足，不知手之舞之，足之蹈之也。情發於聲，聲成文謂之音。治世之音安以樂，其政和；亂世之音怨以怒，其政乖；亡國之音哀以思，其民困。故正得失，動天地，感鬼神，莫近於詩。先王以是經夫婦，成孝敬，厚人倫，美教化，移風俗。故詩有六義焉。一曰風，二曰賦，三曰比，四曰興，五曰雅，六曰頌。上以風化下，下以風刺上。主文而譎諫，言之者無罪，聞之者足以戒，故曰風。

所謂的「風」，是氏族民主社會上下溝通的語言，也是遠古民眾品評政治、臧否人物、參政議政的管道。「上以風化下」，即「風教」、「風化」；「下以風刺上」，即「風謠」、「風諫」、「風刺」。「風」反映了在氏族民主制時代上下間的互動，即「風以動之，教以化之」。「風」所採用的形式就是詩、言、嗟嘆、詠歌、舞蹈、音等。《詩經》中的風、雅、頌也都是風。

由此我們可以理解「風」與詩、歌、謠，以及音樂、舞蹈的關係。

《尚書．舜典》稱：「詩言志，歌詠言。」詩和歌，就是要把自己的意志、言論表達出來。上述「在心為志，發言為詩」、「永（詠）歌」即是此意。

《詩．魏風．園有桃》云：「我歌且謠。」東漢鄭玄箋曰：「曲和樂曰歌，徒歌曰謠。」

歌是一種有宮商曲調，配以鐘石管絃伴奏的詩，或者是沒有伴奏，但有曲調的清唱。古代「民歌之日」之類的歌，在一般場合下都沒有管絃伴奏，即使在祭祀、鄉飲等隆重場合下，高層統治者的歌有時也不用管絃。漢高祖入宗廟，「獨上歌，不以管絃亂人聲，欲在位者遍聞之，猶古〈清廟〉之歌也」[001]。漢高祖的歌和祭祀周文王的〈清廟〉之歌沒有管絃，但都稱作歌。齊莊公到崔杼家與棠姜偷情，「拊楹而歌」[002]；楚狂接輿歌而過孔子曰：「鳳兮，鳳兮！何德之衰，往者不可諫，來者猶可追。」[003] 齊國孟嘗君的食客馮驩彈劍歌曰：「長鋏歸來乎！」[004] 顯然都沒有伴奏。

《左傳 · 僖公五年》載：「童謠云：『丙之晨，龍尾伏辰。』」孔穎達疏曰：「徒歌謂之謠，言無樂而空歌，其聲逍遙然也。」謠是沒有宮商曲調，但有節奏的順口溜。

從上述「永歌之不足，不知手之舞之，足之蹈之也」來看，手的動作稱作「舞」，腳的動作稱作「蹈」，都是用來幫助表達語言的，也是「風」的組成部分。

風又可稱作「音」，上述「聲成文謂之音」、「治世之音」、「亂世之音」、「亡國之音」即是。音與樂相連即為「音樂」，都是遠古時代用來聽政議政的。《淮南子 · 氾論訓》載：「禹之時，以五音聽治。懸鐘、鼓、磬、鐸，置鞀，以待四方之士。為號曰：教寡人以道者，擊鼓；諭寡人以義

[001] 《漢書 · 禮樂志》，北京：中華書局，1962 年版。
[002] 〈左傳 · 襄公二十五年〉，載《十三經註疏》，北京：中華書局，1980 年版。
[003] 〈論語 · 微子〉，載《諸子整合》，上海：上海書店，1986 年影印版。
[004] 《戰國策 · 齊策四》，上海：上海古籍出版社，1985 年版。

者，擊鐘；告寡人以事者，振鐸；語寡人以憂者，擊磬；有獄訟者，搖鞀。」這裡的「五音」，可以是宮、商、角、徵、羽，也可以是鐘、鼓、磬、鐸、鞀等奏出的音樂，它們都是「風」的組成部分。《國語．周語上》載：「天子聽政，使公卿至於列士獻詩，瞽獻曲，史獻書，師箴，瞍賦，矇誦，百工諫，庶人傳語。」詩、曲、書、箴、賦、誦、諫、語等，也都是「風」。

由此我們可以理解孔子講的「移風易俗，莫善於樂」[005]的道理所在了。《呂氏春秋．仲夏記．適音》講道：「凡音樂通乎政，而移風平俗者也。俗定而音樂化之矣。故有道之世，觀其音而知其俗矣。」《史記．樂書》載：「博採風俗，協比音律。」這些都表明：音樂是「風」的表現形式。

自封建文化專制形成後，統治者把這些詩、賦、歌、謠稱作「詩妖」，再也登不得朝堂，只能在民間流傳了。《漢書．五行志中之上》載：「君炕陽而暴虐，臣畏刑而柑（鉗）口，則怨謗之氣發於歌謠，故有詩妖。」《韓詩外傳》卷三第九章載：「無使百姓歌吟誹謗，則風不作。」後來史書中的「時人為之語曰」、「諺曰」、「時人號曰」等，也都是「風」。

俗，指長期形成的禮節、習慣。《說文八上．人部》稱：「俗，習也。」《禮記．曲禮上》載：「入竟（境）而問禁，

[005]〈孝經．廣要道〉，載《十三經註疏》，北京：中華書局，1980 年版。

入國而問俗，入門而問諱。」據唐朝賈公彥之疏，「禁」指諸侯國中政教所忌；「俗」，謂常所行也，即習以為常的行為；「諱」，主人的祖先、國君的名諱。三者都是日常生活中的習慣、禁令、忌諱。用通俗的話說，就是該說、該做的，以及不該說、不該做的。

嚴格講，風俗和民俗的含義並不完全一致。民俗的說法缺了「風」這一塊內容。現代民俗學作為學科性用語，是北京大學 1922 年創辦《歌謠》週刊時，在發刊詞中根據英語「Folklore」確立的，這個「民俗」雖在中國古代已廣為人知，但作為一個外來語，應該也涵蓋了風和俗兩種含義。

在實際運用中，「風」和「俗」往往混同為一個概念了。《漢書 · 王吉傳》講：「百里不同風，千里不同俗，戶異政，人殊服。」《漢書 · 五行志下之上》載：「夫天子省風以作樂」，東漢應劭注：「『風』，土地風俗也。」這裡的「風」和「俗」，指的都是風俗。

《漢書 · 地理志》載：「凡民函五常之性，而其剛柔緩急，音聲不同，系水土之風氣，故謂之風；好惡取捨，動靜亡常，隨君上之情慾，故謂之俗。」班固認為，自然條件不同而形成的風俗叫做風；社會條件不同而形成的風俗叫做俗。從表面看，班固的解釋與毛亨的解釋不一致，其實他是為了說明「百里不同風，千里不同俗」的道理。而且，他講的是風俗的形成，而不是風俗的含義。

在現代民俗學中，習慣用「民俗」，一般都界定為：民俗是存在於民眾中，為民眾所創造、傳承的社會文化傳統。從這個意義上講，民俗即民間風俗。

其實，上與下、民眾和官員、民間和官方的界限很難說清。漢武帝將細君嫁烏孫昆莫老王為右夫人。昆莫老為傳位，要把細君嫁給其孫岑陬，公主上書言狀。漢武帝回信說：「從其國俗，欲與烏孫共滅胡。」[006] 漢武帝實行和親政策，昆莫老王為傳位而嫁細君，都是政府行為，但又要遵從當地民間的風俗。另外，許多風俗現象都是朝廷、政府倡導，經反覆傳襲而形成的。現在清明節、端午節、中秋節放假，既是國家的休假制度，又融入社會風俗之中。是否可以這樣說：風俗不僅流行於民間，也流行於官方，即上述「用之鄉人焉，用之邦國焉」。而且，越往遠古，「用之邦國」的越多。我覺得還是用一個大概念比較穩妥：「社會風俗」。本書敘述的風俗現象、物象，也不僅僅局限於民間。

由於「風」是民眾品評政治、臧否人物的語言，遠古統治者非常注意聽取這些言論。《淮南子·主術訓》載：「堯置敢諫之鼓，舜立誹謗之木。」《後漢書·楊震傳》叫「諫鼓謗木」。

[006] 《資治通鑑·武帝元封六年》，北京：北京古籍出版社，1956 年版。

所謂「誹謗之木」，類似現在的「意見箱」。崔豹《古今注·問答釋義》載：「程雅問曰：『堯設誹謗之木，何也？』答曰：『今之華表木也。以橫木交柱頭，狀若花也，形似桔槔，大路交衢悉施焉。或謂之表木，以表王者納諫也，亦以表識衢路也』。」

北京天安門前有一對漢白玉雕刻的華表，下面是筆直的柱身，雕刻著蟠龍流雲紋飾，柱的上部橫插著一塊雲形長石片，一頭大，一頭小，似柱身直插雲間，仍然保持了「以橫木交柱頭」、「形似桔槔」的基本形制，就是堯舜時代的誹謗之木。它是民主和「王者納諫」的代表。

天安門華表

二

關於社會風俗的特點，許多民俗學專家都做過系統論述，筆者在此掛一漏萬，僅談自己一得之淺見。

（一）社會風俗屬於俗文化。

在 20 世紀的文化研究中，又把文化分為雅文化和俗文化。雅文化是一種自覺的、表現為典籍形態的思想體系，流行於知識層次較高的階層，對社會的影響深刻而狹窄。俗文化以世俗生活為中心，是民眾自發的、無意識的文化心理，對社會的影響膚淺而廣泛。

二者之間，只有形式上的自覺思想體系與民眾直觀體認，典籍形態與世俗傳承的區別，實際上雅中有俗、俗中有雅，由俗到雅，由雅到俗。《論語》、《孟子》中的語錄不僅記載於典籍，也被世俗傳誦。《詩經》原本是當時的民謠俚曲，亦即上述的「風」，後世竟成為儒家的經典。

雅俗文化之間存在一種雙向互動關係，它與各種思想理論體系間互相吸收不同，具有矛盾組合性的種種特徵。

第一，非邏輯性和多元相容性。雅文化中矛盾對立的價值觀念，牴牾相悖的思想命題，可以同時被俗文化選擇和認同。孔子的「食不厭精，膾不厭細」與墨子的「量腹而食，度身而衣」在飲食風俗中並行不悖，而蘊含的基本文化精神卻又是一致的。

第二，雅俗文化互動中的創造性。雅文化的思想內容一旦滲透到民間，經過民眾的直觀體認，往往賦予更深刻的內涵和更準確的掌握。「君子愛財，取之有道」的俗語，比孔子「富與貴是人之所欲也，不以其道得之不處也」的表述，更為簡明而精準。

第三，漸進而穩固的傳承性。文化的真正的存在價值和真實的生命力在於俗文化。在儒學被排斥，墨學中衰的時代，社會風俗仍始終不渝地運載著儒墨思想的基本精神。所謂「禮失求諸野」，即指此。

第四，滲透的廣泛性和承載的無意識性。雅文化中仁、義、禮、智、信的君子品格滲透到社會的各方面，甚至影響到那些殺人越貨的江洋大盜和黑社會集團，形成了「盜亦有道」，講求江湖信義等荒謬而合理的江湖道德品格，而殺人不眨眼的李逵放掉有「孝順之心」的李鬼，還給了他十兩銀子，並沒了解到這是傳承了儒家的孝道。

第五，雅文化對俗文化的控制性。兩千年來，作為正統統治思想的儒學始終控制著社會風俗的發展方向。孔子的「移風易俗」為歷代統治者奉行不悖，「子曰」成為判定一切是非的標準。

（二）社會風俗是一種普遍的道德維存力量。

除行政、法律手段外，道德維存力量主要有四個：第一，追求個體品格完善的道德自律；第二，社會輿論監督力量的他律；第三，朝廷、政府表彰、旌揚等道德回報機制的激勵；第四，互利、互惠的道德等價交換。這四種維存力量都屬於社會風俗的範疇。

儒家思想很早就提出了仁、義、禮、智、信、忠、孝、節、廉、溫、良、儉、讓、恭、寬、敏、惠等倫理道德素養。社會風俗不斷承接著儒家雅文化層次規範化的引導，將其落實到世俗社會。僅以飲食為例，講座次、舉案齊眉是禮；食君祿、報王恩是忠；吃飯穿衣敬父母是孝；宣傳孔融讓梨是悌；講滴水之恩，當湧泉相報，一飯千金是信義；志士不飲盜泉之水，廉者不食嗟來之食，不為五斗米折腰是廉節。歲月的推移又不斷增加著風俗的約束力和權威性，使它成為一種強固的社會輿論監督力量，一方面激勵著人們加強個體品格的自律，抑制著社會公德的淪喪；另一方面，一些陳規陋俗也摧殘著人們的心靈，束縛著人們的正當行為。

所以中國傳統道德的真正存在價值在於社會風俗之中，在俗文化層次無不流動著雅文化的基本精神。

（三）越往遠古，社會風俗就越是國家政治的組成部分。

最早出現的媒人是國家法定的官員，《周禮》中的「媒氏」，齊國的「掌媒」，都是官媒。齊國的掌媒負責「合獨」，是齊國的「九惠之教」之一。設立媒妁是國家推行的婚姻法，它與安定民生、培養稅源、富國強兵的統治政策連繫在一起，亦即它是一種政府行為。西元前 651 年齊桓公在葵丘大會諸侯，訂立的盟約竟然有「誅不孝，無易樹子，無以妾為妻」。其中，「誅不孝」、「無以妾為妻」，都屬於社會風俗的內容。

不光是婚姻，其他風俗莫不如此。如歲時節慶，《尚書·舜典》孔穎達疏曰：「節氣晦朔，皆天子頒之。」古代祭祀是政治權力的象徵，「國之大事，在祀與戎」。西周的五禮吉、凶、軍、賓、嘉等，都是國家制定的有關風俗方面的禮制。後來衣食住行、婚喪生老等方面的風俗都是那時奠定的，因此本書把它稱作「禮俗」。

中國古代社會前期的統治者都深知移風易俗、觀覽風俗的重要性，不同程度地保留著遠古氏族民主遺風。

《管子·正世》載：「料事務，察民俗。」

《禮記·王制》載，天子「命太師陳詩，以觀民風」。

《漢書·藝文志》載：「古有采詩之官，王者所以觀風俗，知得失，自考證也。」

（四）遠古的社會風俗，反映了在生產力低下的情況下對大自然奧妙的探索，對自然、神靈的征服、改造和利用，對人類險惡生存環境的抗爭，對遠古人類生活的創造和開拓。

《國語·魯語上》記載的柳下惠語，明確說明了遠古祭祀的宗旨：「聖王之制祀也，法施於民則祀之，以死勤事則祀之，以勞定國則祀之，能御大災則祀之，能扞大患則祀之。非是族也，不在祀典。」殖百穀百蔬的柱和棄、平九土的后土、成命百物的黃帝、治水的大禹等，「加之以社稷山川之神，皆有功烈於民也。及前哲令德之人，所以為明質也；及天之三辰（日、月、星），民所以瞻仰也；及地之五行，所以生殖也；及九州名山川澤，所以出財用也。非是不在祀典」。古人還按照這一宗旨，對後來的神靈進行改造：觀音菩薩的楊柳枝、淨水瓶要為農業普降甘霖，佛教的四大天王要職司「風調雨順」，老天爺、玉皇、龍王、雷公、電母、風伯、雨師都要在農業社會掛職。

古人憑藉著感性的、質樸的認知來同危害人類的現象抗爭。除夕「逐儺」，是為了驅逐邪鬼。經過一冬的乾燥，春天一打雷，極容易引起火災，便產生了遠古禁火寒食的風俗。春季是瘟疫、流行感冒的易發季節，古人到郊外水上祓禊防疫。進入夏季五月，蛇、蠍、蜈蚣、蜂、蜮等五毒蟲和蚊、蠅等都進入旺季，受傷後的傷口也容易發炎。由於它給人們帶來的種種不幸，所以將其視為惡月，於是產生了五月端午的戴五色絲、插艾草、簪石榴花、飲雄黃酒等種種風俗。甚至是孕婦「見兔其子缺唇，見麋其子四目」，以及懷孕期間的諸多禁忌，也反映了古人對危害人類生育現象的抗爭意識。古代多近親結婚，缺唇、連體、多指等怪胎現象屢屢恐怖著人們，為了改善一切影響胎兒發育的生長環境，才產生出種種附會。而每一種附會都向科學真理的邊緣靠近一步，最後終於探索到怪胎的原因：「男女同姓，其生不蕃（繁）。」

回首先民們的蹣跚足跡，就能領略到社會風俗中蘊含的生生不息的精神和征服自然的頑強信念。風俗的傳承是為了弘揚這一可貴文化精神，為了寄託對幸福吉祥、平安如意的美好生活的嚮往，如果仍然痴迷上述的種種說法，則演變為陋俗，演變為對自然、對宗教神靈的屈服、迷信。

三

風俗絕不僅僅是裸露在社會生活表層的現象，它溝通著歷史與現實、物質與觀念、道德與法律，折射著中華五千年的滄桑變革，至今仍有著不可估量的存在價值。

（一）在中國社會風俗中，層累地堆積著中華民族的高度智慧、高超技藝和高尚品德。

學習中國社會風俗史，能激發我們的民族自尊心和自豪感。

中國人民從3,000年前的商代就養蠶織絲，傳說中從黃帝妃子嫘祖開始。後來又創造了神奇美麗的綺、紈、錦、緞、綾、羅、紗等精美的品牌。絲綢有柔軟結實、輕薄透明、典雅華貴的優點，直到現在還沒有一種服飾質料能超過它。自絲綢之路開闢後，絲綢成為西方人夢寐以求的珍品。唐道宣撰《廣弘明集》卷三講，漢代「胡人見錦，不信有蟲食樹吐絲而成」。羅馬執政官凱薩穿著絲綢出現在劇院，吸引了所有人的目光。人們所翹首觀望的，不是他本人，而是他穿著的華麗的絲綢衣服。當時，羅馬絲綢的價格達到 12 兩黃金一磅，為進口絲綢導致大量黃金流失，哲學家們把絲綢當成羅馬腐敗的象徵。古人的智慧為世界服飾披上了一層錦繡文采。

1972 年，長沙馬王堆出土了一件西漢時的素紗襌衣，薄如蟬翼，輕若煙霧，身長 1.28 公尺、袖長 1.95 公尺的衣服僅重 49 克。唐中宗女兒安樂公主有一件百鳥毛裙，「正視為一色，旁視為一色，日中為一色，影中為一色，而百鳥之狀皆見」，是現在也沒有的「變色裙」、「變花紋裙」。這些罕見的珍品，足以讓西方的國王、法老和貴婦人瞠目結舌。

（二）利用中國社會風俗史中轉化出的經濟價值觀念、創意能力，提高經濟效益。

從事工商業的生產和銷售，關鍵在於處理好供求關係，尤其是衣食住行方面的商品，除了解各地行情和各種經濟資訊外，更要了解當地的風俗習慣、消費觀念。

中國人很早就發現了工商業經營與社會風俗的關係。《莊子·逍遙遊》載：「宋人資章甫而適之越，越人斷髮紋身，無所用之。」《韓非子·說林上》載：「魯人身善織屨，妻善織縞，而欲徙於越，或謂之日：『子必窮矣！』魯人日：『何也？』日：『屨為履之也，而越人跣行；縞為冠之也，而越人被髮。以子之所長，遊於不用之國，欲使無窮，其可得乎？』」不了解越國斷髮徒跣的風俗習慣，到那裡銷售章甫冠，得滯銷；具有紡織技藝的手工業者到那裡謀生，得窮困潦倒。

供求關係本身就包括文化風俗的因素。各個地區、民族、國家的文化風俗，古代在農工商經營方面累積的經驗、知識，掌握這些文化知識後而轉變出來的經營頭腦、應變能力、創意能力，既是一個工商業者的文化創造，又是必備素養，現在叫無形資產。這些年以來，先後出現了婚姻介紹所、裝修公司、搬家公司、家教公司、家政服務公司、旅遊公司，甚至還有「情感發洩吧」、「失物招領公司」、「代客祭掃」等等。這些行業能否持久、能否興盛姑且不論，但它需要經營者有這樣的頭腦創意出來，更要有敏銳的辨識力來掌握商機。

另外，將古代衣食住行物質風俗中畫素紗禪衣、百鳥毛裙那樣有實用價值的品物有選擇地挖掘出來，不僅能豐富我們的生活，而且能創造絕高的經濟效益。

（三）社會風俗更能反映中國傳統文化的深刻內涵，透過它來掌握一個民族的文化，來得更加直觀而準確。

透過社會風俗，了解中國人在生活風俗中所表現出來的個性特徵、價值分寸、思維方式、道德標準、審美觀念，明確它在面對現代化社會生活方面的優勢和缺陷，不僅能自覺而有效地移風易俗，還能大大提高我們的道德水準和人文素養。

四

本書立足於 21 世紀的時代發展和學術研究成果，著重對具有普遍性的傳統風俗進行介紹，共分服飾、飲食、居住、行旅、歲時節日、婚姻、生老、喪葬、儒學九章內容。在敘述中，將傳統風俗與現代社會，雅文化與俗文化緊密接軌，對所涉及的風俗現象、物象，由風俗衍生出的典故、成語、諺語，均考述源流嬗變和風俗傳承。對傳統風俗在現代人心理深層和行為習慣中的存在形式，及產生的正反兩方面的影響，均結合中國傳統文化的基本特徵，以透視、品評、辨析等形式，連繫古今，進行深層次的剖析。

由於社會風俗的涵蓋十分廣泛，每一項風俗不僅都有十分豐富的內容和深刻的內涵，而且交錯重疊，難以縷述。限於篇幅，本書採用兩種處理方法：其一，寧肯掛一漏萬，而不面面俱到。對所涉及的風俗現象、物象，不提則已，提則說深說透；其二，各章節之間互相參照，相同的內容，只在一個章節中敘述。如，清明節掃墓的內容在喪葬風俗的「掃墓和祭祖」中一併敘述；飲食風俗中的節日飲食，分散到春節、元宵節、中秋節等節日中敘述。「儒學風俗」滲透在衣食住行、歲時節慶、婚喪生老等社會生活的各方面，在該章中一概略過。

本書嚴格遵守言之有據的撰述原則，每一風俗物象、現象及語言、情節都取材於正史、經書、子書，參考相關的野史、雜著、方志，絕對不敢杜撰，絕對不敢信手拈來一些沒有依據的、稀奇古怪的道聽塗說。本書行文中，在不影響內容表述的情況下，盡量註明材料出處。同一內容的出處，只在第一次出現或者重點敘述之處註明，而不重複標註。

但願讀者朋友透過拙作，豐富知識，啟迪思維，更新觀念，接受民族精華的洗禮，衝破世俗偏見的失誤，用風俗史的眼光觀察社會，體會人生，以嶄新的精神風貌面對 21 世紀的現代化社會生活。這是本書的宗旨，也是本人的奢望。

在本書編著過程中，參閱了大量海內外學者的論著，除直接引用原文外，恕不一一註明。本人程度有限，不當之處，敬請讀者朋友和方家教正。

生老風俗

生老是人生旅途的全程，包括從出世、孩提、成年、壯年到老年各階段的人生禮俗；養生、養性等追求長生長壽，個性修養的習俗。它又與衣食住行、婚姻、喪葬、節日、信仰等風俗重疊溝通，集中地反映了中國的人生價值觀念。

第一節
對新生命的呼喚

一個新生命的誕生，究竟開始於懷胎，還是分娩，醫學界、法學界或許有不同的看法。生子繼宗的宗法觀念和婚姻價值觀念卻無視這些論證，而把人生禮俗大大提前了。當母親十月懷胎，早已是各種人生禮俗的交會點了。

一、祈子風俗

祈子風俗包括祈孕和懷孕後祈求生男孩。原始社會初期，還不知道性交與生育的內在連繫，認為是「神聖母感天而生子」[007]。即女祖先感受動植物或其他非生物的精靈而懷孕。後來，人們發現了生育的祕密。《周易 · 繫辭下》叫做「男女構精，萬物化生」。

[007] 《說文十二下 · 女部》，北京：中華書局，1963 年版。

自從人類了解了生育的祕密和婚姻定型後，各種祈子的儀式便產生了。遠古的各民族都存在過不同形式的生殖器崇拜，是最早的祈子儀式。龍山文化和齊家文化遺址中，都發現有石且和陶且，是男性的生殖器，反映了對交合生育的祈求。根據地區、民族不同，古代都流行著各種不同的祈子風俗，最常見的是祈求送子神。

（一）古代的送子神

中國社會的送子神是一個多元而不確定的神靈，由於中國信仰的模糊性和實用目的性，高禖、土地爺爺、天后、泰山碧霞元君、觀音菩薩、王母娘娘等，只要能滿足人們得子的願望，任何一位神靈都可被奉為送生娘娘或送生爺爺，都能得到求子的香火。前秦苻堅的母親「祈子於西門豹祠，其夜夢與神交，因而有孕，十二月而生堅焉」[008]。曲阜人往往去孔子出生地尼山向山神求子。西門豹、尼山山神，也都是主宰生育的神靈。

1. 高禖

高禖是古代帝王為求子所祀的送子神。《禮記．月令》載：「是月（仲春之月）也，玄鳥至。至之日，以太牢祠於高禖。天子親往，後妃帥九嬪御。乃禮天子所御，帶以弓韣（ㄉㄨˊ，弓袋），授以弓矢於高禖前。」鄭玄注曰：「高辛

[008] 《晉書．苻堅載記》，北京：中華書局，1974 年版。

氏之世，玄鳥遺卵，娀簡吞之而生契，後王以為媒官嘉祥而立其祠焉。變媒言禖，神之也。」、「帶以弓韣，授以弓矢，求男之祥也。」這位送子神化為玄鳥遺卵，使商的始祖母娀簡（簡狄）受孕生子，因其祠在郊外，又稱「郊禖」。

南宋鄭樵《通志》卷四十三〈禮二‧高禖〉載，每逢玄鳥到來的仲春之月，兩漢、晉、北齊、隋、唐等朝皇帝、皇后都設壇廟祭祀高禖。「漢武帝年二十九乃得太子，甚喜，始立為高禖之祠於城南，祭以特牲（太牢）。後漢因之，祀於仲春之月。」北齊「每歲元（玄）鳥至之日，皇帝親帥六宮祀青帝於壇，以太昊配而祀高禖之神，以祈子」。

高禖應是中國最早的送生娘娘，近代仍然流行。民國二十四年山東《萊陽縣志》載：「凡子女初生……設祭於房，由產婆奠酒焚楮，謂之謝送生神，即高禖也」。

2. 麒麟送子

古代很早就熟悉麒麟，並把它作為仁獸、嘉瑞。《春秋‧哀公十四年》載：「西狩獲麟。」杜預注曰：「麟者仁獸，聖王之嘉瑞也。」《太平御覽》卷八八九〈獸部‧麒麟〉引《孝經右契》曰：「孔子夜夢豐沛邦有赤煙氣起，顏回、子夏侶往觀之。驅車到楚西北范氏之廟，見芻兒捶麟，傷其前左足，束薪而覆之。孔子曰：『兒汝來，姓為誰？』兒曰：『吾姓為赤松子。』孔子曰：『汝豈有所見乎？』『吾所見一禽，如麇羊頭，頭上有角，其末有肉，方以是西走。』孔子發薪下，麟視孔子而蒙其耳，吐三卷書。孔子精而讀之。」

漢魏時傳說，麒麟是吉祥的象徵，能為人帶來子嗣，並把麒麟「吐三卷書」的傳說提前，作為孔子出生的嘉瑞。西晉王嘉《拾遺記》卷三載：「夫子未生時，有麟吐玉書於闕里人家，文曰：『水精之子，系衰周而素王。』」、「素王」的意思是，孔子未居帝王之位而有帝王之德。文中的「水精」還真與《管子·水地》中「人，水也。男女精氣合，而水流形」的說法相吻合。這是「麒麟送子」的最早傳說。

魏晉南北朝時，人們常呼聰穎可愛的男孩為「麒麟」。南朝梁徐陵「母嘗夢五色雲化而為鳳，集右肩上，已而誕陵。年數歲，家人攜之以侯寶志，(摩）頂曰：『天上石麒麟也。』」[009]

到唐朝時，麒麟送子的傳說已很完整了。唐杜甫〈徐卿二子歌〉曰：「君不見徐卿二子多絕奇。感應吉夢相追隨。孔子釋氏親抱送，並是天上麒麟兒。」在這首詩中，孔子、老子都成了送生神。

民間普遍認為，求拜麒麟可以生育得子。祈求麒麟送子不是祭祀禮拜，而是家家門牆上掛一張麒麟送子的年畫。

[009] 《太平御覽》卷八八九〈獸部·麒麟〉引《三國典略》，北京：中華書局，1960 年影印版。

清代年畫〈麒麟送子〉

3. 張仙送子

傳說古代的張仙有兩人：五代後蜀皇帝孟昶、蜀道地人張遠霄。明人郎瑛《七修類稿》卷二十六〈辯證類〉載：「近世無子者多祀張仙以望嗣，然不知其故也。蜀主孟昶，美豐儀，喜獵，善彈弓。乾德三年（西元965年）蜀亡，掖庭花蕊夫人隨輦入宋宮，夫人心嘗憶昶，悒悒不敢言，因自畫昶像以祀，復佯言於眾曰：『祀此神者多有子。』一日，宋祖見而問之，夫人亦託前言，詰其姓，遂假張仙。蜀人歷言其成仙之後之神處，故宮中多因奉以求子者，遂蔓延民間。……張仙名遠霄，五代時遊青城山成道，老泉有贊。」

清人趙翼在《陔餘叢考》卷三十五中，旁徵博引，認為孟昶投降入汴京，宋太祖認識他，花蕊夫人懸掛「孟昶挾彈圖」欺騙不了宋太祖，是後人因其從蜀地帶來，傳說為孟昶的畫像。趙翼還講：「《蘇老泉集》有〈張仙贊〉，謂張名遠霄，眉山人，五代時遊青城山成道。陸放翁〈答宇文使君問張仙事〉詩自注云：『張四郎常挾彈，視人家有災者，輒以鐵丸擊散之。』又〈贈宋道人〉詩云：『我來欲訪挾彈仙，嗟哉一失五百年。』」最後引明人胡應麟語：「古來本有此『張弓挾彈圖』，後人因此附會以張弓為張，挾彈為誕，遂流傳為祈子之祀。此亦不加深考而為是臆說也。」也就是說，古代就有「張弓挾彈圖」，後人附會成孟昶或張遠霄，並附會出張仙的種種故事。

明代編修的《歷代神仙通鑑》載，宋仁宗 50 多歲尚未得子，晚上夢見一美男子，面若敷粉，五綹長髯飄逸下垂，手挾著弓彈，說：「我是桂宮張仙。天狗在天上掩日月，到世間吃小兒，陛下因天狗守垣，故不得嗣，今特來用弓彈逐之。」宋仁宗醒後，立刻命人畫了夢中所見的張仙圖，貼在宮中以祈子。

民間信仰的「張仙」根本不問他是孟昶，還是張遠霄，只要能送子、佑子就夠了。人們將他奉為專管人間送子之事的「誕生之神」，稱他為「張仙爺」。他手裡拿的弓，也和古代生男孩「懸弧」的舊俗連繫起來，「彈」與「誕」字諧音，暗含「誕生」之意。

山東濟南黑虎泉西側，有一「胤嗣泉」，曾有一座張仙廟，廟中供奉就是給人送子的張仙。該泉在張仙廟下，故名「胤嗣泉」[010]。清光緒（西元 1875—1908 年）年間山東濰縣年畫「張仙射天狗」中的張仙，左手張弓，右手執彈，作仰面直射天狗狀，右上角畫有一隻天狗。身邊還有五個天真活潑的小孩。民間過年祭神，家家要請一張張仙神像貼在房間內。

4. 送生娘娘

中國古代有九天玄女（玄鳥）、碧霞元君、觀音菩薩、天后、王母娘娘等許多個送生娘娘。香火最盛的送生娘娘是泰山碧霞元君，中國各地都有泰山行宮、碧霞祠、元君殿，俗稱「奶奶廟」，祈子，拴娃娃主要是求她。北京白雲觀元君殿的中座為天仙聖母碧霞元君，左座分別為催生娘娘和送子娘娘，右座為眼光娘娘和天花娘娘，整個是一處保護嬰幼兒的神靈機構。泰山拴娃娃的地方主要有山頂碧霞祠送子娘娘殿、半山腰的斗母宮、山下的王母池三處，北斗眾星之母的斗母娘娘，瑤池的王母娘娘，也都是送生娘娘。有的在送生娘娘廟內還供奉「送生爺爺」、「送生哥哥」。如山東聊城有多座泰山行宮，廟中的送生娘娘手抱嬰兒，陪坐在碧霞元君之旁。這位娘娘手下就有一個「送生哥哥」，肩背一條布褡子，裡面裝滿了泥娃娃。

[010] 參見子文：〈胤嗣泉與張仙射天狗的傳說〉，載《濟南時報》，2009年3月5日。

子孫娘娘
選自清代周培春繪《民間神像圖》

（二）拴娃娃

拴娃娃又稱「拴喜」、「拴孩兒」、「抱孩子」，是流行中國各地的一種普遍祈子方式，一般在碧霞宮、王母祠、觀音寺、子孫堂、張仙廟、高禖祠中舉行。這些祠廟為迎合民間傳宗接代的需要，備有各種泥娃娃供祈子者挑選。山東聊城泰山行宮神像的供桌上有很多光著腚的泥娃娃供祈子者挑選，戴著紅兜兜，留著瀏海，掛著項圈，或坐或爬，嬉笑玩耍，栩栩如生，全是男孩，露著「小雞兒」。[011] 拴回來的孩子，一般都要一日三餐供奉水飯。如果生了孩子，要給廟主豐厚的報酬。

各地拴娃娃祈子風俗中，最普遍的是向泰山碧霞元君求子，這一風俗由來日久，至少可以追溯到明代中期。明嘉靖十一年（西元 1532 年），皇太后遣太子太保來到泰山，為明世宗向碧霞元君求子，現存的嘉靖求子〈御祝文〉[012]，是目前所見最早的泰山求子史料。

每年的四月八日是碧霞元君的誕辰，「婦女赴泰山行宮燒香」[013] 者川流不息。泰山是名山，泰山碧霞元君是最正宗的送生娘娘，各地來拴娃娃的也特別多。

在婚禮上，都備有百子圖、棗、栗子、石榴、花生、筷子等，也都蘊含著「早生貴子」的企盼。

根據中國各地的地方志記載，剛結婚的青年男女還流行著中秋夜偷瓜祈子的風俗，叫做「摸秋」。瓜與「娃」諧音且多籽（子），尤其是與「男娃」諧音的南瓜，更是摸秋者的理想目標。民國二十一年的《新京備乘》[014] 載：「江南婦

[011] 吳雲濤：〈聊城的拴娃娃與祀張仙〉，載《民俗研究》，1988 年第 2 期。

[012] 馬銘初、嚴澄非校注：《岱史校注》，青島：青島海洋大學出版社，1992 年版，第 149 頁。

[013] 丁世良、趙放主編：《中國地方志民俗資料彙編》華東卷上引中華民國十八年《泰安縣志》，北京：書目文獻出版社，1995 年版，第 277 頁。

[014] 丁世良、趙放主編：《中國地方志民俗資料彙編》華東卷引，北京：書目文獻出版社，1995 年版，第 351-352 頁。

女艱於子嗣者，每於中秋夜潛伏菜園，摘一瓜回，以為宜男之兆，謂之摸秋。」

（三）占夢和占卜

當人們盼望的小生命孕育時，祈子儀式又演變為判斷、祈求生男孩、預測新生兒的前程。

早在先秦時期，占夢、占卜判斷生男生女的風俗業已流行。

《詩 · 小雅 · 斯干》載：「維熊維羆，男子之祥。維虺（ㄏㄨㄟˇ，毒蛇）維蛇，女子之祥。」這是周宣王命人以聖人之法占夢，夢見熊羆是生男孩的徵兆，夢見蛇是生女孩的徵兆。唐人徐夤〈府主僕射王摶生日〉還提到這一說法：「熊羆先兆慶垂休，天地氤氳瑞氣浮。」

史書上把夢感與生子連繫起來的記載比比皆是。東晉王嘉的《拾遺記》[015] 載：「帝嚳之妃，鄒屠氏之女也。常夢吞日則生一子，凡經八夢，則生八子。」其中，摯和堯王天下，契和棄是商、周的始祖。後來史書往往講「夢日入懷，必生天子」[016]。漢武帝、孫權、十六國劉淵、北魏拓跋珪等，都是其母夢日懷孕而生。

[015] 《古今圖書整合 · 乾象典 · 日部》引，北京：中華書局，成都：巴蜀書社，1985 年版。

[016] 《晉書 · 慕容德載記》，北京：中華書局，1974 年版。

春秋晉惠公夷吾流亡在梁國時，其妻懷孕過了預產期，請人占卜。卜者說是將生一男一女，但將來男為人臣（奴隸），女為人妾。夷吾為生下來的兒女取名時，男的叫圉，女的叫妾。後來，圉到秦國做了人質，妾也跟隨去做了侍女。[017]

除占夢、占卜外，民間還有各種判斷生男生女的風俗。有的根據孕婦的口味來判斷，叫做「酸兒辣女」。有的根據肚子的形狀來判斷，有「肚尖生男，肚圓生女」之說。有的用男左女右的原則，根據孕婦的舉止來判斷。如，孕婦先用左腳過門檻生男，否則生女。

占驗生男生女畢竟是被動的，古人還企圖透過自己的主動進取來改變胎兒的性別。

西晉張華《博物志》卷十〈雜說下〉載：「婦人妊娠，未滿三月，著婿衣冠，平旦左繞井三匝，映詳影而去，勿反顧，勿令人知見，必生男。」

《千金方·養胎論》引徐之才語曰：「妊娠三月，名始胞，當此之時，未有定儀，見物而化。欲生男者操弓矢，欲生女者弄珠璣。欲子美好，數視璧玉。欲子賢良，端坐清虛。是謂外象而內感者也。」

上述風俗都反映了古人對生男孩的盼望和鍥而不捨的追求。

[017] 參見〈左傳·僖公十七年〉，載《十三經註疏》，北京：中華書局，1980 年影印版。

二、胎教

古人強調「外象內感」，胎兒能受母親言行的感化，「感於善則善，感於惡則惡」。所以孕婦必須謹守禮儀，給胎兒以良好的影響，叫做「胎教」。

漢代學者把胎教的源起歸於文王、成王之母。

西漢劉向《列女傳》[018] 載：「古者婦人妊子，寢不側，坐不邊，立不蹕，不食邪味，割不正不食，席不正不坐，目不視於邪色，耳不聽於淫聲。夜則令瞽誦詩，道正事。如此，則生子形容端正，才德必過人矣。」

《小學稽古篇》[019] 載：「太任文王之母，摯任氏之中女也，王季取以為妃。太任之性端一誠莊，唯德之行，及其娠文王，目不視惡色，耳不聽淫聲，口不出敖言。生文王而明聖，太任教之，以一而識百，卒為周宗。君子謂太任為能胎教。」

《大戴禮記》[020] 載：「周後妊成王於身，立而不跂（ㄑㄧˋ），坐而不差，獨處不踞，雖怒不詈（ㄌㄧˋ），胎教之謂也。」

[018] 《古今圖書整合．家範典．教子部．總論》引，北京：中華書局，成都：巴蜀書社，1985 年版。
[019] 《古今圖書整合．家範典．教子部．紀事一》引，北京：中華書局，成都：巴蜀書社，1985 年版。
[020] 《太平御覽》卷三六〇〈人事部一．孕〉引，北京：中華書局，1960 年影印版。

孟子母曾言：「吾懷妊是子，席不正不坐，割不正不食，胎教之也。」[021]

可知，早在先秦時期就形成了胎教的風俗。其中，孟母胎教的故事在民間廣為流傳。

《博物志》卷十〈雜說下〉對胎教的內容做了比較全面的記載：

婦人妊娠不欲令見醜惡物，異類鳥獸。食當避其異常味，不欲令見熊羆虎豹，及射鳥射雉，食牛心、白犬肉、鯉魚頭。席不正不坐，割不正不食，聽誦詩書諷詠之音，不聽淫聲，不視邪色。以此產子，必賢明、端正、壽考。所謂父母胎教之法。故古者婦人妊娠，必慎所感，感於善則善，感於惡則惡矣。妊娠者不可啖兔肉，又不可見兔，令兒缺唇。又不可啖生薑，令兒多指。

張華所闡述的胎教內容有：

其一，遵守禮儀，「聽誦詩書諷詠之音，不聽淫聲，不視邪色」、「席不正不坐，割不正不食」。

其二，避醜惡異物、異味和凶險事物。如，不見熊羆虎豹等異類鳥獸，不觀射鳥、射雉等打獵活動，避開異常氣味等。

[021] 《韓詩外傳》卷九第一章，北京：中華書局，1980 年版。

其三，不食禁忌食物。這一風俗是由「不視」演變來的。《淮南子‧說山訓》稱：「孕婦見兔而子缺唇。見麋而子四目。」後來，經過人們的篩選，淘汰了過於荒誕的成分，由「不視」演變為「不食」。

唐代醫學家孫思邈的《千金方‧養胎論》列舉了許多孕婦的飲食禁忌：

妊娠食羊肝，令子多厄，食山羊肉，令子多病；妊娠食驢、馬肉令子延月，食驢肉產難；妊娠食兔肉、犬肉，令子無音聲，並唇缺；妊娠食雞肉、糯米，令子多寸白蟲；妊娠食雞子及乾鯉魚，令子多瘡；妊娠食椹並鴨子，令子倒出、心寒；妊娠食雀肉並豆醬，令子滿面黑乾黯黑子；妊娠食雀肉並酒，令子心淫情亂，不畏羞恥；妊娠食鱉，令子短項；妊娠食冰漿，絕胎。[022]

現在孕婦仍有許多禁忌風俗，其實就是從古代胎教中流變下來的。

胎教的目的，是培養出賢明、端正、壽考的兒子，與孔子「非禮勿視，非禮勿聽，非禮勿言，非禮勿動」[023]的態度

[022] 《博物志》、《千金方》均為《古今圖書整合‧人事典‧初生部》引，北京：中華書局，成都：巴蜀書社，1985 年版。
[023] 〈論語‧顏淵〉，載《諸子整合》，上海：上海書店，1986 年影印版。

是一致的。其中固然有許多荒誕、迷信成分，但它又是古代婦幼保健、優生優育等經驗的累積，包含著科學的因素。

首先，它主張最佳化一切影響胎兒發育的外界環境，注重用美感來誘導和感化胎兒，透過孕婦的生理、心理作用來達到優生優育，反映了古代教育的超前意識和望子成龍的強烈願望。

其次，不見醜惡、異物、打獵等禁忌，包含著避免外界刺激和驚嚇，以衝動胎氣的科學因素。

再次，「見兔而子缺唇，見麋而子四目」的說法，也是對生育實踐的誤解。古代多近親結婚，缺唇、四目、多指等現象屢屢恐怖著人們，探尋產生的原因，對許多不吉祥的東西因心存忌諱而產生出種種附會。每產生出一種附會，都向科學邊緣靠近一步。最後終於發現：「男女同姓，其生不蕃（繁）」。在科學知識貧乏的古代，它反映了古人對危害人類生育現象的抗爭意識，是古代生育醫學發展的必經階段。

現代科學證明，優美的音樂能促進人體的內分泌，調節血流量和興奮神經，也能使胎兒感知，促進其發育。孫思邈在《千金方·養胎論》中，從醫學角度論證說：「彈琴瑟，調心神，和情性，節嗜慾，庶事清淨，生子皆良，長壽，忠孝仁義，聰慧無疾，斯蓋文王胎教者也。」足見胎教對促進古代優生學、醫學發展和發達的作用。

第二節
幼有所長

當人們企盼的小生命呱呱墜地，各種風俗儀式接踵而至。

一、懸弧掛帨（ㄕㄨㄟˋ）和弄璋弄瓦

《禮記‧內則》載：「子生，男子設弧於門左，女子設帨於門右。三日始負子，男射女否。」

《禮記‧射義》載：「男子生，桑弧蓬矢六，以射天地四方。天地四方者，男子之所有事也。」

先秦時期，人家生男孩，在門左掛弓。三日後，負子用六支箭射向天地四方，以示男兒尚武和志在四方。生女孩則在門右掛一塊佩巾。因此，古代生男稱作「懸弧」、「設弧」，男子生日稱作「懸弧之辰」。生女孩或女子生日則稱「設帨」。劉禹錫〈贈進士張詩〉云：「憶爾懸弧日，余為座

上賓。舉筯食湯餅，祝辭添麒麟。」包何〈相裡使君第七男生日〉亦有「他時幹蠱聲名著，今日懸弧宴樂酣」的詩句。

《詩 · 小雅 · 斯干》載：「乃生男子，載寢之床，載衣之裳，載弄之璋。」、「乃生女子，載寢之地，載衣之裼，載弄之瓦。」

「璋」是古代的一種玉器，「瓦」是紡織用的紡錘。該文是說，生了男孩，放到床上，穿上衣裳，玩弄玉璋，希望將來有玉一樣的品德。生下女孩，放到地上，用裼衣包起來，讓她玩弄紡錘，希望將來熟悉女紅。所以，古代生男孩叫做「弄璋」，生女孩叫做「弄瓦」。唐朝奸相李林甫慶賀別人誕子，賀詞稱「聞有弄獐之慶」，把璋錯寫成「獐」，眾客皆掩口而笑。宋代大文豪蘇軾寫詩諷刺他說：「甚欲去為湯餅客，唯愁錯寫弄獐書。」[024]

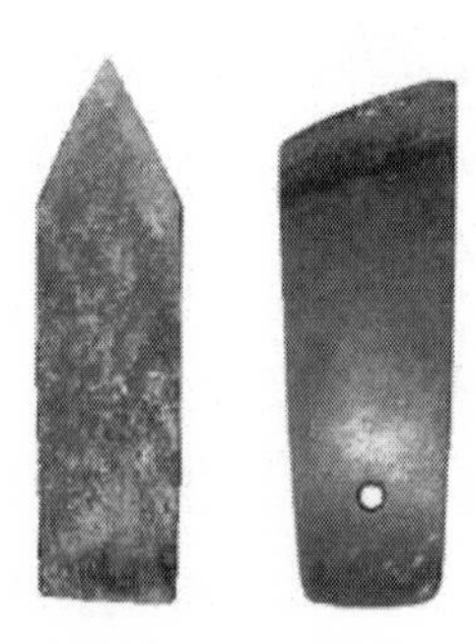

玉璋

[024] 《古今圖書整合 · 人事典 · 初生部》引《緗素雜記》，北京：中華書局，成都：巴蜀書社，1985 年版。

二、三日洗兒和滿月

三日洗兒又稱「三朝洗兒」、「洗三」、「湯餅會」。追根溯源的話，來自「懸弧」風俗中的「三日始負子，男射女否」。

東魏高澄生子，「三日而孝靜帝幸世子（高澄）第，贈錦彩及布帛萬匹」。高澄推辭賞賜，請求允許他接受諸權貴的賀禮，「於是十屋皆滿」[025]。可知當時十分重視「三日之禮」。

一般認為，「洗三」風俗起自唐代。安祿山與楊貴妃荒唐地認為母子，在母子關係的掩護下淫亂狎戲。天寶十年（西元 751 年）正月二十二日是安祿山的生日。三日那天，楊貴妃把 40 餘歲的安祿山當作嬰兒，搞了個「洗三」的鬧劇。《資治通鑑．玄宗天寶十載》載：

甲辰，祿山生日，上及貴妃賜衣服、寶器、酒饌甚厚。後三日，召祿山入禁中，貴妃以錦繡為大襁褓裹祿山，使宮人以彩輿舁之。上聞後宮歡笑，問其故，左右以貴妃三日洗祿兒對。上自往觀之，喜賜貴妃洗兒金銀錢，復厚賜祿山，盡歡而罷。

[025] 《北齊書．文襄元後傳》，北京：中華書局，1972 年版。

楊貴妃幹出如此勾當，唐玄宗還得強作歡顏地賞賜，當時「洗三」風俗必定十分流行，且已有較長的歷史。

清末民俗畫師周培春繪〈楊貴妃像〉

天復二年（西元 902 年），唐昭宗被逼流亡在鳳翔，自顧不暇，「皇女生三日，賜洗兒果」[026]，可知「洗三」是不能免的。北宋蘇軾〈賀子由生孫〉詩：「昨聞萬里孫，已振三日浴。」

[026] （唐）韓偓：《金鑾密記》，《古今圖書整合·人事典·初生部》引，北京：中華書局，成都：巴蜀書社，1985 年版。

洗兒除給嬰兒沐浴外，還要大宴親朋。宴會上最注重的食品是鍚餅，故又稱「湯餅宴」。從懸弧風俗中所引的劉禹錫、蘇軾的詩可知，去慶賀的客人還自稱「湯餅客」。南宋王明清的《揮麈前錄》解釋說，「必食湯餅者，世所謂長壽麵者也」。

主人除大宴賓客外，還要染紅雞蛋，與麵條一起分送鄉里，謂之「喜麵」、「分紅蛋」。

蘇軾講，閩人三日洗兒，家人賓客都要戴蔥和錢。蔥使兒聰明，錢使兒富。[027] 南宋以後，這一風俗北漸，北方亦流行起來。

滿月又稱「彌月」、「足月」。唐高宗龍朔二年（西元662年），「子旭輪（唐睿宗）生，滿月，大赦」[028]。皇子滿月要大赦天下，可知滿月也是重大的人生禮俗。

滿月的禮儀內容與「洗三」相似，亦稱作「滿月洗兒」、「洗兒會」，是南北風俗融會的結果。

唐朝段公路《北戶錄》載：「嶺南俗，家富者婦產三日或足月洗兒。做團油飯，以煎魚蝦、雞鵝、豬羊、灌腸、蕉子、薑桂、鹽豉為之。」後來該俗北漸，北方也流行「滿月洗兒」。《東京夢華錄》卷五〈育子〉載：「至滿月則生色及

[027] 《古今圖書整合·人事典·初生部》引《愛日齋叢抄》，北京：中華書局，成都：巴蜀書社，1985年版。
[028] 《新唐書·高宗本紀》，北京：中華書局，1975年版。

綳繡線，富貴家金銀犀玉為之，並果子，大展洗兒會。……浴兒畢，落胎髮，遍謝坐客。」在滿月，親朋畢集，攜禮賀喜。對產婦來說，滿月還意味著「坐月子」期滿，不能再臥床養息，該恢復正常的家務勞動了。

唐代韓愈的〈寄盧仝〉詩寫道：「去年生兒名添丁，意令與國充耕耘。」因此，古代生兒又稱「添丁」。在宗法觀念濃厚的中國，生子繼宗，人丁興旺是人們的普遍追求，故而慶賀添丁之喜的「洗三」、「滿月」也一直流變到近現代。

三、百歲和周歲試兒

百歲指嬰兒出生 100 天，也叫「百晬（ㄗㄨㄟˋ）」。百歲那天，又是親友攜禮相賀，主人設宴作慶。還要從百家討來銅錢，買一用金或銀、銅製作的鎖，上刻有「長命富貴」、「百家寶鎖」的字樣，戴到嬰兒胸前，叫做「百家鎖」或「百歲長命鎖」。據說能長命百歲，防止夭折。

百歲長命鎖

周歲也叫「周晬」，主要禮俗是試兒，又稱「抓周」、「試周」、「試晬」。此俗興起於南北朝的江南。顏之推《顏氏家訓‧風操篇》載：

江南風俗，兒生一期，為製新衣，盥浴裝飾。男則用弓矢紙筆，女則刀尺針縷，並加飲食之物及珍寶服玩，置之兒前，觀其發意所取，以驗貪廉愚智，名之為試兒。親表聚集，致宴享焉。自茲已後，二親若在，每至此日，常有酒食之事耳。

這裡除詳記試兒的內容外，還由於試兒和「宴享親表」，啟動了後來每年的生日。

唐宋時，試兒風俗傳到北方。《東京夢華錄》卷五〈育子〉載：「生子百日，置會，謂之『百晬』。至來歲生日，謂之『周晬』。盛果木、飲食、官誥、筆研（硯）、筭稱等經卷針線應用之物，觀其所先拈者，以為徵兆，謂之『試晬』。」北宋初大將曹彬周歲時，「父母以百玩之具羅於席，觀其所取。彬左手持干戈，右手掛俎豆（祭器），斯須取一印，他無所視，人皆異之」[029]。曹彬是真定靈壽人，今屬河北，周歲時當在五代，那時北方已有試兒風俗，一直流傳至今。

[029] 《宋史‧曹彬傳》，北京：中華書局，1975 年版。

四、十二生肖

古代以天干地支紀年，人的出生之年還命定著一種特定的文化符號，叫做十二生肖或十二屬相。例如，子（鼠）年出生的肖（屬）鼠，丑（牛）年生的肖牛。以後每逢子年、丑年，即為本命年。用特定動物紀曆的「獸曆」，在印度、埃及、希臘、古巴比倫都曾存在，但把它們作為人的屬相，恐怕僅見於中國。這種人與禽獸息息相關的生肖風俗有著悠久的歷史和豐富的文化內涵。

十二生肖源於氏族社會的動物、星宿崇拜和古代的曆法。明代學者方以智《通雅》卷十二講：「《方言》以十二生肖配十二辰，為人命所屬，莫知所起。」《方言》的作者是西漢揚雄。前蜀馮鑑《續事始》講，「黃帝立子丑十二辰，以名月，以名獸，配十二辰屬子」，將此歸屬於黃帝的首創。

其實，十二地支與生肖的對應關係，春秋時代就初步確立了。《詩．小雅．吉日》云：「吉日庚午，既差我馬。」以午對馬。《左傳．僖公五年》載：「龍尾伏辰。」以辰對龍。

1975 年，湖北雲夢睡虎地發現的秦簡《盜者》一篇中載：

子，鼠也；丑，牛也；寅，虎也；卯，兔也；辰，龍也；巳，蟲也；午，鹿也；未，馬也；申，環也；酉，水也；戌，老羊也；亥，豕也。

其中的「蟲」，即蛇。「環」古讀猨，即猿，與猴同。「水」古讀雉，即野雞。與現代不同的有午鹿、未馬、戌老羊三條。竹簡的年代是戰國後期，當時的十二生肖已很完整了。

東漢王充《論衡·物勢篇》提到寅虎、戌犬、丑牛、未羊、亥豕（豬）、巳蛇、子鼠、午馬、酉雞、卯兔、申猴十一種地支和生肖。《言毒篇》講：「辰為龍，巳為蛇，辰巳之位在東南。」可知，以十二生肖配十二辰，並「為人命所屬」，在漢代已流行了。

北周宇文護之母被扣押在北齊，寫信給宇文護說：「生汝兄弟，大者屬鼠，次者屬兔，汝身屬蛇。」[030] 進入中原的鮮卑族也接受了漢族的生肖文化，並以此來激發兒子對母親的思眷，足見南北朝時已是習以為常的風俗了。

由生肖風俗又產生出中國人特有的生辰八字。每個人出生的年、月、日、時，各有天干地支相配，四項共八個字，故稱「生辰八字」。天干地支又各與五行相對應，並以此來推算一個人的命運。

把動物作為年月日時和「人命所屬」的文化符號，透過生動的形象思維來增加聯想，便於直觀形象地推算時光和年齡，增加生活情趣。一個人的年齡是不斷增長變化的，而

[030] 《周書·宇文護傳》，北京：中華書局，1971 年版。

屬相卻終生不變。隨著時光的流逝，人們可以忘記多年不見的親友的年齡，但只要記住屬相，就能準確地推算出來。另外，透過對動物的崇拜和美化，將其集中映印在人身上，以此來展現人的主體地位，既反映了中國風俗文化的人文精神，又增加了人對大自然的熱愛和歸屬感。

然而，生肖和八字又以五行相剋和獸性來解釋人的命運，尤其是在誕生、婚娶、喪葬等人生禮俗中，形成了許多忌諱。如，羊年生孩子不吉利，「三月羊，靠南牆，生活無著多淒涼」。據報導，1991 年是羊年，人口出生率大大下降[031]。在婚姻方面則忌諱更多，什麼「青龍克白虎」、「虎鼠不結婚」、「兩隻羊，活不長」、「雞狗相配斷頭婚」，到現在仍然拆散著人們的婚姻。尤其是古代的婦女，一旦丈夫早死，便被認定為剋夫命，被視為比洪水猛獸更可怕，終生要面對社會的歧視、冷遇，甚至迫害。

[031] 〈今年出生的孩子為何少？〉，載《文摘報》，1991 年 11 月 3 日。

子鼠（咬文嚼字）

卯兔（守株待兔）

丑牛（對牛彈琴）

辰龍（葉公好龍）

寅虎（一山不容二虎）

巳蛇（劉邦斬蛇）

午馬

酉雞（聞雞起舞）

未羊（羊車望幸）

戌狗

申猴（朝三暮四）

亥豬

清代任薰繪《十二生肖圖冊》

這本圖冊講述的是十二生肖故事，每幀的圖都用生肖有關的典故來表現，比如「守株待兔」、「葉公好龍」、「聞雞起舞」等

五、舉子禁忌

在我們這個強調「人為貴」和「無後為大」的國度裡，又有許多舉子禁忌和不得已而殺子的風俗，致使許多無辜的嬰兒剛剛來到這個世界便喪失了生的權力。

自先秦時期就有「諱舉五月子」的陋俗，戰國孟嘗君就險些因此而喪命。自兩漢開始，舉子禁忌逐步擴大，主要有：

其一，不舉正月、五月子。

東漢王充的《論衡·四諱》稱：「諱舉正月、五月子，以為正月、五月子殺父與母，不得已舉之，父母禍死。」在五月子中，尤忌五月五日生子。嬰兒生日一旦犯忌，輕者出繼，重者拋棄，甚至被弄死。

南北朝時，江南又有不舉二月子的陋俗。《隋書·蕭后傳》載：「江南風俗，二月生子者不舉。後以二月生，由是季父收而養之。」

孟嘗君、蕭后還是大難不死的幸運者，那些大量犯忌而死的小生命，甚至連為此陋俗而殉身的痛苦都感覺不到了。

其二，與父同月生子不舉。

《風俗通·佚文·釋忌》稱：「不舉父同月子，俗說妨父也。」春秋時期無此俗。《左傳·桓公六年》載，魯莊公的生日與父親桓公相同，魯桓公說：「是其生也，與吾同物（日）。」為兒子取名曰「同」。如果當時就有「不舉父同月子」的風俗，即使不忍拋棄親生，也不會取名為「同」來做紀念。

其三，「不舉寤生子」。

寤生有兩種說法，《風俗通．佚文．釋忌》云：「俗說兒墮地便能開目視者，謂之寤生。舉寤生子，妨父母。」另一種說法即站生、難產。說寤生子妨父母，可能是對春秋鄭莊公「寤生」的附會。鄭莊公寤生驚嚇了母親，又與弟弟共叔段兄弟相殘，還幽禁了母親。其實，鄭莊公既沒妨父，也沒害母，還和母親和好如初。但他的事蹟給人們的心理印象實在是太深了。

其四，生三子不舉。

《風俗通．佚文．釋忌》云：「不舉並生三子。俗說生子至於三，似六畜，言其妨父母。」生三子指生三胞胎，這也是秦漢時形成的。春秋越王勾踐為雪會稽之恥，獎勵生育，規定：「生三人，公與之母。」[032] 即生三胞胎，國家幫助撫養，賜給乳母。越王勾踐後來稱霸天下，其獎勵生育的政策天下共知，當時不會有此禁忌。

從先秦到南北朝的嬰兒，一直處在上述種種陋俗的恐怖中，隋唐以後逐漸消失。《新唐書．崔信明傳》載，崔信明五月五日生，中午有異雀鳴集於庭樹。太史令史良占卜說：

[032] 《國語．越語上》，上海：上海古籍出版社，1978 年版。

「五月為火，火主離，離為文。日中，文之盛也。雀五色而鳴，此兒將以文顯。」占文中絲毫沒有提及諱舉五月子的禁忌。

由於封建政府繁重的賦稅徭役和其他的陳規陋俗，歷代民間都有被迫溺嬰、棄嬰的風俗。

秦朝兵役徭役繁重，有「生男慎勿舉，生女哺用脯。不見長城下，屍骸相支柱」[033] 的《長城之歌》。漢代姑娘出嫁要陪送妝奩，故「世人多不舉女嬰」[034]。《晉書．王濬傳》載，西晉巴郡（在今四川境）臨近吳境，「兵士苦役，生男多不養」。宋代殺子之風更為嚴重，史書記載尤多：

《宋史．宗室傳》載：「衢、嚴、信、饒之民，生子多不舉。」

《古今圖書整合．人事典．初生部》引《談圃》云：「閩中唯建、劍、汀、邵四州殺子，士大夫家亦然。」引《東坡志林》云：「近聞黃州小民貧者生子多不舉，初生便於水盆中浸殺之，江南尤甚。」

上述記載，涉及四川、湖南、湖北、江西、浙江、福建等地區，反映了封建壓迫、剝削的嚴酷和社會制度的殘忍。

[033] 《水經注》卷三，北京：華夏出版社，2006 年版。
[034] 〈顏氏家訓．風操〉，載《諸子整合》，上海：上海書店，1986 年影印版。

第三節
踏上人生之路

在中國古代，「老有所終，壯有所用，幼有所長，矜寡孤獨廢疾者皆有所養」[035]，是儒家理想化的社會藍圖。因此，中國的人生禮儀，不同的年齡有不同的名稱、義務和權力。隨著專制制度的加強，越來越強調人對國家和皇帝的義務，而人生的權力卻被淡化掉了。

一、孩提、幼學、成童

小兒二、三歲間在襁褓之中，可以提抱，故稱作「孩提之童」、「孩抱」。《孟子．盡心上》稱：「孩提之童，無不知愛其親者。」《後漢書．李善傳》載：「雖在孩抱，奉之不異長君。」

[035] 〈禮記．禮運篇〉，載《十三經註疏》，北京：中華書局，1980 年影印版。

「小兒五歲日鳩車之戲，七歲日竹馬之戲」[036]。據《後漢書·禮儀志》，鳩指鳩杖，是漢代賜給八九十歲老人的玉杖，長九尺，以鳩鳥為端飾。鳩鳥為不噎之鳥，有祝老人不噎之意。這裡指5歲小兒騎鳩杖為車戲耍。竹馬指小兒騎竹竿當馬。東漢郭伋巡行州部，有數百兒童騎竹馬歡迎他。李白〈長干行〉詩：「郎騎竹馬來，繞床弄青梅。」後因用「青梅竹馬」來形容小兒女天真無邪，親暱嬉戲。

北宋蘇漢臣繪〈秋庭戲嬰圖〉

[036] 《古今圖書整合·人事典·七歲部》引《談苑》，北京：中華書局，成都：巴蜀書社，1985年版。

明人繪〈嬰戲圖〉

《禮記·內則》載：「六年，教之數與方名。七年，男女不同席，不共食。八年，出入門戶及即席飲食，必後長者，始教之讓。九年教之數日。十年出就外傅，居宿於外，學書記……十有三年，學樂誦詩，舞勺。成童，舞象，學射御。」

《漢書·食貨志上》載：「古者八歲入小學，學六甲、五方、書計之事，始知室家長幼之節。十五歲入大學，學先聖禮樂，而知朝廷君臣之禮。」

「六甲」，指六十甲子。「五方」指分辨五方之名和書籍。「書計」即算術。「數日」即朔望和六十甲子。「舞勺」

是文舞，「舞象」是武舞。整個學習內容是自然知識和禮樂制度。

上述兩條記載講的是整個成人前的教育過程。6 歲就該讓小兒掌握數字和東西南北了。《禮記 · 曲禮》載：「人生七年曰悼，雖有罪而不加刑焉」。悼有二意，一為憐愛，二為知廉恥。《釋名 · 釋長幼》講：「悼，逃也。知有廉恥，隱逃其情也。」7 歲即男女不同席，不共食，可見「悼」應為隱逃之意。8 歲或 10 歲入小學，所以《禮記 · 曲禮》稱：「人生十年曰『幼學』。」13 或 15 歲入大學。《釋名 · 釋長幼》稱：「十五曰『成童』」。孔子講的「十有五而志於學」，就是成童和入大學的年齡。

總之，從幼學開始到成童、到成人禮之前，所有的自然知識和禮儀都應該具備了。在整個古代，人們都熱衷於「神童」、「聖童」的讚賞。孔融 4 歲讓梨，項橐（ㄊㄨㄛˊ）7 歲為聖人師，司馬光 7 歲砸缸，黃香 9 歲溫席，甘羅 12 歲為上卿，都成為教育、激勵子女大器早成的事例，反映古人對望子成龍的強烈期盼。

二、冠禮

冠禮即成年禮，是人生重大的里程碑。它表示從此和童年告別，正式跨入成年人的行列，人們也按照大人的禮儀來對待和要求他了。在先秦，「禮不下庶人」，冠禮只是貴族男子的專利。秦漢以後成為普遍的成年禮儀。

古代男子「二十而冠」[037]，即20歲舉行「冠禮」，也叫「加元服」，民間俗稱「上頭」，所以20歲也稱「弱冠」。

《儀禮·士冠禮》記載了這一複雜的禮儀。舉行冠禮前，用蓍（ㄕ）草占卜日期和稱作「賓」的主持人，叫做「筮日」、「筮賓」，然後按卜得的日期在宗廟舉行加冠儀式。加冠時，將頭髮挽成髻，將冠戴上，用笄和冠纓固定住。始加緇布冠，表示從此有治人權；再加皮弁，表示有當兵的權利和義務；三加爵弁，表示有資格祭祀。因此，冠禮又稱「三加之禮」。加冠後，「賓」和父母用酒向加冠者祝賀，稱作「醮子」。還要由「賓」起一個字。《禮記·冠義》講：「冠而字之，成人之道也……成人之者，將責成人禮焉也。」

冠禮完畢，要參拜國君、大夫、親朋，宣告自己成人，獲得社會的承認。春秋晉國趙武加冠後，分別拜見欒書、韓厥、範燮等諸大夫，大家都講了些祝賀和勉勵的話。韓厥講：「戒之，此謂成人。成人在始與善。始與善，善進善，不善蔑（無）由至矣；始不善，不善進不善，善亦蔑由至矣。如草木之產也，各以其物（類）。人之有冠，猶宮室之

[037] 〈禮記·內則〉，載《十三經註疏》，北京：中華書局，1980年影印版。

有牆屋也，糞除而已（喻潔身自修），又何加焉？」[038] 大概這就是「責成人禮焉」了。

先秦庶人的成人禮，只是在髮髻上覆以巾。《釋名・釋首飾》稱：「巾者謹也，二十成人，士冠庶人巾。」

女子也有成年禮，《禮記・內則》講，女子「十有五年而笄」。把頭髮挽成髻，插上笄就行了。十三四歲時，頭髮自然下垂，或以巾覆蓋，形似荳蔻，故又將女子十三四歲時稱作「荳蔻年華」。杜牧〈贈別〉詩：「娉娉裊裊十三餘，荳蔻梢頭二月初。」

秦漢以後，冠、笄的年齡不再局限於 20 歲、15 歲，而是因地因人而異。秦始皇 13 歲即位，九年行冠禮，已是 22 歲了。《晉書・禮志下》載：「諸王十五而冠。」《南史・孝義傳》載，東晉末年，華寶的父親要戍守長安，臨行說：「須我還，當為汝上頭。」由於長安陷落，父親一去不返，華寶至 70 歲也沒婚冠。

南朝人重冠禮，北朝至隋唐則不太重視。隋朝王通在《文中子・禮樂篇》中疾呼：「冠禮廢，天下無成人矣！婚禮廢，天下無家道矣！」唐代柳宗元在〈答韋中立書〉中也說：「古者重冠禮，將以責成人之道……數百年來，人不復行。」[039]

[038] 《國語・晉語六》，上海：上海古籍出版社，1978 年版。
[039] 《古今圖書整合・禮儀典・冠禮部》引，北京：中華書局，成都：巴蜀書社，1985 年版。

唐宋以後的冠禮，一般在 16 歲左右，儀式也趨於簡樸。司馬光〈訓子孫文〉講：「俟其子年十五以上，能通《孝經》、《論語》，粗知禮義，然後冠之，斯為美矣。」《至元嘉禾志》載，元朝桐鄉一帶，「男子十六始冠，亦有婚而冠者，女子歸而笄」。《嘉靖寧波府志》載，明朝寧波地區，士農工商多行冠禮，「一從簡樸，僅取成禮」。[040]

清軍入關後，嚴令漢民薙髮梳辮，數千年的冠冕服制最後絕跡。受此衝擊，冠禮的變異更加嚴重。清人福格《聽雨叢談．冠禮》講：「海內冠禮久失，唯國家存之。公孫冑子十八歲方許拜官，宗室子二十歲始冠頂戴。童生入學後有冠頂之禮。」這裡的加冠，已變成冠頂戴了。

據各地方志記載，清朝民初的冠禮雖久不行，但仍有冠禮的遺風。民國七年上海《章練小志》載：「古人冠而後字，斯禮久廢。今泖濱農家，弱冠後為酒食，邀里中士人命字，召鄉黨食之，謂之『慶號』。」山東乾隆二十七年《樂陵縣志》載：「男子十五以上隨便加冠。」山東道光二十一年《武成縣志續編》載：「古禮久廢，成童則加帽。」山東民國十八年《泰安縣志》載：「冠禮久廢，即以婚禮為冠

[040] 《至元嘉禾志》、《嘉靖寧波府志》，均為《古今圖書整合．禮儀典．冠禮部》引。

禮。既婚娶，謂之成人。未婚娶，謂之童子。」[041] 這都蘊含著「冠而字之」的成年禮俗。

古代「敬冠事」，把童年和成年清楚地界定開來。《禮記．曲禮》云：「人生十年日幼學，二十日弱冠。」加冠後「將責成人禮焉者，將責為人子、為人弟、為人臣、為人少者之禮行焉」[042]。弱冠即成年，要立即「去幼志，順成德」，不僅要以成人的資格和禮儀修養來進行人際交往，還要承擔起對國君、父兄的忠信孝悌之道。這種界定將廣大青少年未脫稚氣的心靈和個性在「將責成人禮焉」的幌子下緊緊地束縛住，而容不得半點孩子氣的自然存在和宣洩，無疑是對人的自然本性的扭曲和摧殘。結髮加冠的外表也無疑成為限制他們思想和行為的枷鎖。從這個意義上講，與其說是加冠，不如說是「加鎖」。

然而，冠禮又是敦促青少年成人、成熟的界牌。它使一個乳臭未乾的娃娃倏忽間躍入一個成人的境界，使自尊、自愛、自重，加強自我修養成為弱冠者的自覺意識，也使承擔社會責任，為國家，為民族立事立功的男兒壯志變為有志者的強烈願望。

漢武帝時，欲令南越王入朝。弱冠的終軍請纓說：「願

[041] 丁世良、趙放主編：《中國地方志民俗資料彙編》華東卷引，北京：書目文獻出版社，1995 年版，第 51、130、137、275 頁。

[042] 〈禮記．冠義〉，載《十三經註疏》，北京：中華書局，1980 年影印版。

受長纓，必羈南越王而致之闕下。」[043] 東漢班超年輕時，立下了投筆從戎、立功異域的壯志。南朝宋宗慤年少時對叔父說：「願乘長風，破萬里浪。」[044] 唐代詩人王勃在〈滕王閣序〉中抒發自己的抱負和懷才不遇說：「無路請纓，等終軍之弱冠；有懷投筆，慕宗慤之長風。」

現在從法律上講，18 歲即成為國家的合法公民，可許多 18 歲的青少年根本沒有成人的自覺境界和責任感，民間的家長也老嫌子女「沒蛻孩子皮」，這與現代風俗中沒有童年與成年的界定禮俗，有一定的關係。

三、姓、氏、名、字、號

姓名是每個人特定的文化符號，古代中國是個宗法社會，姓和氏又是宗法血統的標誌，所以顯得特別複雜和嚴格。

（一）姓和氏

《說文十二下 · 女部》講：「姓，人所生也。古之神、聖母感天而生子，故稱天子……《春秋傳》曰：『天子因生以賜姓。』」、「感天而生」即與有生命的動植物，或日、月等

[043] 《漢書 · 終軍傳》，北京：中華書局，1962 年版。
[044] 《宋書 · 宗慤傳》，北京：中華書局，1975 年版。

無生命的自然物感應而生。「因生以賜姓」即以感應物為姓，它往往也作為本氏族的圖騰。

東漢王充《論衡·奇怪篇》記載了「感生得姓」的傳說。

大禹母吞薏薏而生大禹，故夏以「姒」為姓。契母吞玄鳥（燕子）卵而生契，故殷商以「子」（古人稱蛋為子）為姓。棄母履大人跡（熊足跡）而生棄，故周以「姬」（跡）為姓。薏薏、玄鳥、熊也分別是三代的圖騰。居住在陝西黃土高原上的黃帝號有熊氏，也是姬姓。姬的古文「𦣞」是熊跡的象形字。姬姓的周人應該是黃帝族的直系後裔。

隨著氏族的繁衍，一個同姓氏族又衍生出許多胞族和父系家族，這就出現了氏。高陽氏顓頊和高辛氏帝嚳就是姬姓黃帝分支出的二氏。《史記·五帝本紀》說：「黃帝二十五子，其得姓者十四人。」這裡提到的姓，又是從姬姓衍變出的氏。後來，高辛氏又分支出伯奮氏、仲堪氏、叔獻氏、季仲氏；伯虎氏、仲熊氏、叔豹氏、季貍氏，兩個胞族，共八氏。[045]

先秦時期，男子的姓不言自明，而氏則不斷變化。魯國姬姓，魯孝公的後代有臧氏、郈（ㄏㄡˋ）氏、柳氏。魯桓

[045] 參見〈左傳·文公十八年〉，載《十三經註疏》，北京：中華書局，1980年影印版。

公的後代有孟孫氏、叔孫氏、季孫氏。齊國姜姓，其後代有高氏、國氏、崔氏等。古代男子稱氏，婦人稱姓。男有氏以別貴賤，女有姓以別婚姻。

《禮記 · 大傳》載：「四世而緦，服之窮也。五世袒免，殺同姓也。六世親屬竭矣。」東漢鄭玄注曰：「四世共高祖，五世高祖昆弟，六世以外親盡無屬名，其庶姓別於上。」即高祖以下的所有四代子孫，都可以高祖的名號為氏。到第五代子孫出現後，原高祖的氏由嫡系子孫繼承，世代流傳。而非嫡系子孫以原曾祖為高祖，就以他的名號為氏了。

那麼，古人取氏都有哪些依據呢？根據《白虎通 · 姓名》和《風俗通 · 佚文 · 姓氏》的記載，氏的來源可分為九類。

1. 氏於號。即以徽號（圖騰）為氏。堯號陶唐氏，舜號有虞氏，其後裔因以唐、虞為氏。

2. 氏於諡。即以諡號為氏，如武、宣、穆等。

3. 氏於爵。即以爵位為氏。《白虎通 · 姓名》講：「王者之子稱王子，王者之孫稱王孫，諸侯之子稱公子，公子之子稱公孫。」《論語》中有王孫賈、公子荊、公孫朝等，都是氏。

4. 氏於國。即以國名或封邑為氏。國名如魯、曹、宋、衛等氏。魯大夫展禽的封邑在柳下，以他為始祖的後裔稱柳氏。也有的以國名加爵名，如夏侯、葛伯等。

5. 氏於官。即以官為氏。如司馬、司徒、司寇、司空、司城等。

6. 氏於字。《白虎通．姓名》講：「公孫之子，各以其王父字為氏。」先秦時的字主要是伯、仲、叔、季，其實是兄弟們的排序，伯者長也，仲者中也，叔者少也，季者幼也。長子有的稱伯，有的稱孟。《白虎通．姓名》載：「適（嫡）長稱伯，伯禽是也；庶長稱孟，魯大夫孟氏是也。」這種用來排序的字，也成為後裔的氏。

7. 氏於居。即以居住地為氏。如城、郭、池、園、東門、東郭、百里等。

8. 氏於事。即以百工技藝為氏。如從事巫卜、製陶、丘墓的後裔，各以巫、卜、陶、丘為氏。

9. 氏於職典。即以掌典的職事為氏。此氏不太常見，《風俗通》提到的有三馬、五鹿、青牛、白馬等。

秦漢以後，姓與氏合一。無論嫡系、非嫡系都以祖上的姓、氏為姓了。由於種種原因，仍可能出現新的姓。東漢第五倫，本戰國齊國田氏的後裔，因是六國舊貴族，被第五批遷徙到長陵（在今陝西省），故以「第五」為姓。其他還有皇帝賜姓，從主人、養父、繼父姓，冒姓，少數民族改漢姓等。

（二）名和「五名六避」

《白虎通·姓名》稱：「名者，幼小卑賤之稱也。」、「《禮服傳》曰：子生三月，則父名之於祖廟。」春秋魯國大夫申繻曾講過取名的五條原則和六種避諱：

名有五，有信、有義、有像、有假、有類。以名生為信，以德命為義，以類命為象，取於物為假，取於父為類。不以國，不以官，不以山川，不以隱疾，不以畜牲，不以器幣。周人以諱事神。名，終將避之。故以國則廢名，以官則廢職，以山則廢主，以畜牲則廢祀，以器幣則廢禮。[046]

《禮記·曲禮》、《論衡·詰術》也有相同的記載。根據這些原則和以後史書的記載，古人取名大體有以下原則。

1. 根據天干、地支，或干支相配五行取名。《白虎通·姓名》講：「殷以生日名子。」從商代開始，就以所生之日的天干命名。如太甲、盤庚、武丁等。到西周，又以天干相配五行，或干支相配取名。如秦將白乙丙。楚公子午，字子庚。

2. 根據出生時的生理特徵及有關情況命名，即申繻說的「信、義、象、假、類」。魯公子友的手紋象「友」字，

[046] 〈左傳·桓公六年〉，載《十三經註疏》，北京：中華書局，1980 年影印版。

便取名為友，這是「名生為信」。周文王出生時有聖瑞，祖父古公亶父以為能昌盛周室，為其取名為昌，這是「德名為義」。孔子的頭頂中間低四周略高，像曲阜郊外的尼丘山，取名為丘，字仲尼，這是「類名為象」。孔子生子時，有人送來鯉魚祝賀，為兒取名曰鯉，字伯魚，這是「取於物為假」。魯莊公的生日與父親魯桓公相同，取名為同，這是「取於父為類」。

秦漢以後取名，也大多遵守這些傳統風俗。南朝宋范曄是母親在廁所生的，頭被磚所傷，以「磚」為小字。岳飛生時，有大禽在屋上飛鳴，因名為「飛」。兩者是遵從了「假」和「義」的傳統。

3. 以夢中所見之象取名，也叫「夢象法」。鄭文公的妾夢見天使給她一枝蘭花而懷孕生子，文公為公子取名「蘭」，即後來的鄭穆公。[047]因此，古代婦人懷孕，又稱「夢蘭」、「蘭夢」。北周庾信〈奉和賜曹美人〉詩：「何年迎弄玉，今朝得夢蘭。」李白的名字也是母親夢見長庚星（金星，又稱太白星）而命名的。

4. 根據占卜所得的結果取名。第一節中，晉公子夷吾為兒子取名圉，為女兒取名妾，就是占卜的結果。

[047] 參見〈左傳 · 宣公三年〉，載《十三經註疏》，北京：中華書局，1980 年影印版。

5. 待事而名。即初生時不取名，待以後有了值得紀念的大事時，因事命名。春秋魯國叔孫莊叔擊敗狄人，俘獲僑如、虺（ㄏㄨㄟˇ）、豹三個俘虜，用三個人的名字分別為自己的三個兒子命名。[048] 叔孫莊叔不可能在這年頓生三子，有的是生後待事而名，有的是事後而生。《左傳·定公八年》載：「（魯）苫越生子，將待時而名之，陽州之役獲焉，名之曰『陽州』。」為兒子取俘虜的名字來紀念戰功的風俗也流行於蒙古族。也速該征討塔塔兒部，抓了兩個俘虜，年長者叫鐵木真。恰好妻子生子，便為子取名叫鐵木真。鐵木真即後來震撼亞歐的成吉思汗。

上述申繻的話還道出了周人取名的「六避」。之所以不以國名、官名、山川名、隱疾名、畜牲名、器幣名取名，是為了避名諱。如果用這些為國君之子命名，待其繼位後，為了避諱，勢必因重大事物名稱的更改而造成混亂。晉僖公名司徒，「司徒」這個官名只好廢棄。魯獻公名具，魯武公名敖，只好將魯國境內的具山、敖山改稱「其鄉之山」。古代特別重視祭祀，用豬、羊、俎、豆等命名，不僅要避諱，更不能用來做祭祀的犧牲和器物。

由此我們可以理解《禮記·曲禮》中「入境而問禁，入

[048] 參見〈左傳·襄公三十年〉，載《十三經註疏》，北京：中華書局，1980 年影印版。

國而問俗，入門而問諱」的禮制意義所在。春秋晉國范獻子聘於魯，問起了具山、敖山，魯人說是先君之諱，范獻子感到自己失禮，非常尷尬。[049]

不光是國君，其他貴族和平民也要避父祖名諱。因此，也要遵守「六避」的取名原則。正如國君一樣，也有偶犯避諱者。孔子弟子司馬耕，字子牛，即以畜牲命名字。

《禮記 · 曲禮下》載，先秦時期還有一條取名禮制，叫做「君子已孤不更名」。即父親死後，為自己取的名字不能再更改，否則就是遺棄其父。

秦漢以後，不再講究這些原則。漢文帝名恆，漢武帝名徹，寧肯將恆山改為常山，將徹侯改為列侯，也要堅持自己的名，反映了封建君主權力的加強。上述《顏氏家訓 · 風操》列舉的，以禽、鯉、蟣蝨、犬子、狗子、驢子、駒子、豚子等為乳名者，比比皆是。

「君子已孤不更名」的原則也有所鬆動。由於名為「幼小卑賤」之稱，往往不太雅，入學後許多人都改名。司馬相如名犬子，「相如既學，慕藺相如之為人也，更名相如」[050]。這裡雖沒說相如之父是否健在，至少說明是他以自己的意願而更名。《南齊書 · 張敬兒傳》載，南齊張敬兒本名苟兒，

[049] 參見《國語 · 晉語九》，上海：上海古籍出版社，1978 年版。
[050] 《漢書 · 司馬相如傳》，北京：中華書局，1962 年版。

「宋明帝以其名鄙」而改。其弟也由「豬兒」改為恭兒。《南齊書．曹虎傳》載，曹虎本名虎頭，「世祖（齊武帝）以虎頭名鄙，敕改之」。既然是皇帝敕改，就不管父親是否健在了。

實際上，秦漢以後的名往往稱「小字」，入學後再另取一名。如范曄名曄，小字磚。王安石名安石，小字獾郎。如果小字較雅，就不必另取了。

（三）幼名冠字

字是舉行冠禮時正式起的稱呼，即上述「冠而字之，成人之道也」。《白虎通．姓名》講，「人所以有字者何？所以冠德明功，敬成人也」。

字一般要與名意義相通，《白虎通．姓名》云：「聞其名即知其字，聞字即知其名。」如孔子名丘字仲尼，其子名鯉字伯魚。後世一般也遵守這名、字互應的習俗。諸葛亮字孔明，岳飛字鵬舉等，字和名均同義。

《禮記．檀弓上》稱：「幼名，冠字，五十以伯仲，死諡，周道也。」是講在稱呼別人時，幼年稱其名，成年稱其字。對50歲以上的老者直呼其字也不尊重了，應稱呼他的伯、仲。對死者稱諡號。所以，古人自稱稱名，以表示自謙。稱別人則稱字而不能稱名，表示尊敬，即「敬成人」。關係特殊稱名，則表示親暱或隨便。《論語》中，孔子對弟子都稱名而不稱字，展現了和諧的師生關係。稱名、稱字所反映的「簡」、「敬」的語氣，與現在稱乳名和稱學名基本相同。

（四）號

號是指人的別號、綽號，先秦時期就已出現。春秋范蠡幫助越王勾踐滅吳後棄官經商，先後自稱「鴟夷子皮」、「陶朱公」。百里奚是秦穆公用五張羊皮從楚國贖回來的，號曰「五羖大夫」。呂不韋為相國，秦王政稱他為「仲父」。

古人的稱號可分為以下幾類：

1. 賜號。即帝王對臣民賞賜的稱號。如周文王號姜太公曰「太公望」，周武王又尊他為「師尚父」，齊桓公尊管仲為「仲父」。南宋孝宗賜號郭雍為「衝晦處士」，後又封「頤正先生」。有的不是賜號，而是皇帝隨便給臣下起的綽號。北魏大臣古弼頭尖且剛正不阿，魏太武帝呼他為「筆頭」。

2. 輿論稱號。即社會群眾階層所起的稱號。古代民眾向來有參政議政、褒貶是非、臧否人物的傳統，給人的稱號表達了讚譽、敬仰、譏諷、鞭笞、痛斥等各種心境，是社會輿論對某一個人的評價。漢代的召信臣、杜詩勤政愛民，被稱為「召父」、「杜母」。包拯因鐵面無私被稱為「閻羅包老」。蔡京等六名奸臣被稱作是「六賊」。也有的是外族起的稱號。匈奴稱漢代李廣為「飛將軍」，契丹稱楊延昭為「楊六郎」。

3. 自號。自號往往是自己的個性、人生追求任真自得的寫照，或是對社會、時政灑脫不羈的宣洩和諷刺。宋代的文人學士中，自號蔚成風氣，最為盛行。蘇軾號「東坡居士」，邵雍號「安樂先生」，陸游號「放翁」。幾乎所有的文士都要為自己起個稱號。明朝「江南四大才子」之一的祝允明，因右手有枝生於手指，自號枝山。

（五）婦女姓氏

值得注意的是，氏、名、字、號除像李清照那樣的女性外，一般婦女是不全或者根本沒有的。其實，在先秦時期，婦人不僅有姓，而且有名有字。《禮記 · 曲禮》載：「女子許嫁，笄而字。」不過這個字僅僅是伯、仲、叔、季而已。按《白虎通 · 姓名》的說法，古代「男女異長，各自有伯仲」，即兄弟姐妹並不混合排序，按男女各自排序。一般的稱呼是先字後姓，如「伯姬」即字伯姓姬。出嫁後，若嫁給國君，則在前面冠以國名。嫁給貴族，則冠以夫氏。如魯國姬姓，魯女嫁給杞國國君，稱杞伯姬；嫁給宋國大夫蕩氏，稱蕩伯姬。[051] 當時，男子 50 歲以上尊稱伯仲，這樣稱呼婦女不見得怎麼低下。

[051] 參見〈春秋 · 僖公三十一年〉、〈春秋 · 僖公二十五年〉，載《十三經註疏》，北京：中華書局，1980 年影印版。

秦漢以後，婦女「笄而字」的「字」的風俗逐漸消失。據歷代正史《列女傳》記載的情況來看，歷代書香之家的女子多有名有字。東漢大儒班彪的女兒名昭，字惠班。東晉謝安姪孫女字道韞。一般百姓之女則只有小字（即乳名）而無名字，從稱呼來看，出嫁前稱小字，出嫁後無論是否有名字，則統稱張氏、李氏等姓氏了。

第四節
敬老養老

一、暮年巡禮

《論語·為政》載孔子語曰：「吾十有五而志於學，三十而立，四十而不惑，五十而知天命，六十而耳順，七十而從心所欲，不踰矩。」因此，人們又以「而立」、「不惑」、「知天命」等標誌各個年齡階段。它與古代禮制所劃分的年齡層基本吻合。

據《禮記·曲禮》的記載，成年禮以後可劃分為如下階段：

「人生三十曰壯，有室」。即30歲稱「壯」，應該有家室了。孔子的「而立」也有立家室之意，主要指學立德成。晉人陸機有一首自十歲至百歲的〈百年歌〉講：「三十時，行成名立有令聞，力可扛鼎志干雲。」

「四十曰強，而仕」。壯久則強，一是智慮強，即孔子的「不惑」。二是氣力強。可以出仕做官了。〈百年歌〉講：「四十時，體力克壯志方剛，跨州越郡還帝鄉。」

「五十曰艾，服官政」。〈朱子大全〉認為：「艾，髮之蒼白者，如艾之色也。」40 歲做官是「為士，以事人治官府小事也。服官政者為大夫，以長人與聞邦國之大事也」。〈釋名‧釋長幼〉講：「艾，治也。治事能斷割，芟刈無所疑也。」也就是說，強年做官只是幫人處理小事，艾年則要處理邦國大事。〈百年歌〉講：「五十時，荷旄仗節鎮家邦。」

「六十曰耆，指使」。耆年無奔走服役之事，可以自己的旨意指使別人了。古代以干支紀年，60 年正好一個循環週期，故耆年又稱「花甲」。唐人趙牧〈對酒短歌〉曰：「手挼六十花甲子，循環落落如弄珠。」

「七十曰老，而傳」。70 歲始稱「老」、「自稱曰老夫」，傳家事於子，致政事於君。所以，70 歲也是古代致仕告老的年齡。由於杜甫〈曲江〉詩中有「人生七十古來稀」的詩句，又稱 70 歲為「古稀之年」。民間到了 70 歲也不再從事農耕了。唐人竇鞏〈代鄰叟〉詩：「年來七十罷耕桑，就暖支羸強下床。滿眼兒孫身外事，閒梳白髮對殘陽。」

「八十、九十曰耄」。80 歲也稱「耋」。《詩‧魯頌‧閟宮》云：「黃髮臺背，壽胥與試。」又稱耄耋為黃髮，90 歲為鮐（臺）背。明人文徵明〈戊午元旦〉詩：「百歲幾人登耄耋，一身五世見曾元。」黃髮臺背為壽徵，應激勵老年壯志。明人程嘉燧〈題畫贈戚四丈八十〉詩：「莫言八十漸衰老，叱吒可走千貔貅（ㄆㄧˊ ㄒㄧㄡ）。相逢掀髯但一笑，意氣尚欲橫九州。」

人生百年曰「期頤」。《莊子．盜蹠》講：「人上壽百歲，中壽八十，下壽六十。」《列子．楊朱篇》講：「百年，壽之大齊。得百年壽者，千無一焉。」人壽以百年為期，故曰「期」。享年及於耄期，誠足可貴，可以頤養天年了。

清代關槐繪〈香山九老圖〉

二、敬老養老

（一）儒家的敬老理想與傳統風俗

敬老養老是中華民族的傳統美德，也是儒家的社會理想。《禮記‧曲禮上》規定的敬老原則有：

「謀於長者，必操幾杖以從之。長者問，不辭讓而對，非禮也。」

「年長以倍，則父事之；十年以長，則兄事之；五年以長，則肩隨之；群居五人，則長者必異席。」

《禮記‧鄉飲酒義》載：「鄉飲酒之禮，六十者坐，五十者立侍，以聽政役。」

《禮記‧王制》載：「凡養老……五十養於鄉（鄉學），六十養於國（國中小學），七十養於學（大學）。」、「五十杖於家，六十杖於鄉，七十杖於國，八十杖於朝。九十者，天子欲有問焉，則就其室。」

孟子對齊宣王講：「老吾老，以及人之老；幼吾幼，以及人之幼。天下可運於掌。」[052] 並提出了當時流行的「為長者折枝」的敬老風俗。

歷代王朝都有不同程度的賑濟年長者和鰥寡孤獨者的措施，偶爾給飢寒交迫的老人一點微薄的救濟，儘管是敬老養

[052] 〈孟子‧梁惠王上〉，載《諸子整合》，上海：上海書店，1986 年影印版。

老的虛偽招牌，畢竟是保留了一點進入階級社會後逐漸消失了的美好的東西，且對社會風俗起著導向作用。民間社會風俗則仍然運載著儒家敬老養老的理想，並由古代理想的禮儀形式內化為人們的心理情感，凝結為一種帶有規範性、秩序性的社會道德意識。

中國古代不僅敬老養老，而且貴老，老人的資歷、經驗、見識得到高度尊重。《詩・大雅・板》稱：「老夫灌灌，小子蹻蹻。」意思是老人欲盡其謀，少者卻驕而不受。春秋秦穆公不聽蹇叔的勸諫而伐鄭，慘遭失敗後，總結出「詢茲黃髮，剛罔所愆」[053]的教訓。這大概就是現在講的「不聽老人言，吃虧在眼前」的俗語的歷史淵源了。《荀子・致士篇》講：「耆艾而信，可以為師。」現代人常講「嘴上沒毛，辦事不牢」。在民俗語言中，高傲者自稱「老子」，稱對方為「小子」，都透出了對年長、資歷的看重，對年輕人的輕視。青年就意味著無知和服從，老年就意味著智慧和權威。中國人也常講「有志不在年高」、「後生可畏」，這固然是對後輩的肯定，但它仍是一種貴老心態的反映，是對反常事物的驚奇發現和無可奈何的認同。正常情況下應該是年高者有志，先生者可畏。

[053] 〈尚書・秦誓〉，載《十三經註疏》，北京：中華書局，1980 年影印版。

（二）敬老文化評說

敬老尊長固然是中華民族的傳統美德，也是中國禮儀之邦的文明標誌。在這樣一個「老有所終」的國度裡，老人不僅能得到安度晚年的慰藉和對一生付出的回報，而且在孤獨、寂寞、失落中少了一些遺憾和哀怨，在貴老文化的氛圍中多了一些滿足和平衡。

然而，這種敬老貴老的文化傳統，淵源於遠古的氏族制度和長期的宗法社會，適應了幾千年進化遲緩而又穩定的農業生活節奏，又有著貴經驗不重創新、講資歷而壓抑後輩的消極作用。嚴復〈論世變之亟〉曾講：「中國誇多識而西人重新知。」它不僅延緩了社會新老更替的週期，而且消磨了生氣勃勃的進取和創新精神，造成了人們一味迷戀傳統、經驗，向後看的陋習和保守求穩的惰性。

風俗文化溝通著歷史與現實，在現代人的文化心理中，不僅以人的經驗和資歷為貴，一個國家、民族也以古老為貴。我們中國人一直在為中華民族五千年的悠久歷史而感到自豪，把古老、悠久作為高傲的資本，來樹立比先進國家優越的感覺，這正是來自貴老文化根的呼喚。

三、生日和祝壽

祝壽是敬老養老具體的禮儀形式之一，是指在老人誕辰舉行的慶祝活動，故老人的生日又稱「壽誕」。

《詩．小雅．蓼莪》載：「哀哀父母，生我劬（ㄑㄩˊ）勞。」生日那天，要思念父母生我的艱辛，作哀戚狀，不能宴樂慶賀。由於敬老養老的習俗和重視生命延續的觀念，先秦兩漢盛行隨時隨地向人獻酒、獻金上壽的禮俗。《詩經》中有許多上壽的記載。

《詩．大雅．江漢》云：「虎拜稽首，天子萬年。」

《詩．小雅．天保》云：「如南山之壽，不騫不崩。」

《詩．豳風．七月》云：「躋彼公堂，稱彼兕觥，萬壽無疆。」

這裡是分別向天子、貴族、主人上壽。

清代刺繡〈賀壽圖〉
十二條屏
圖中為唐代郭子儀夫妻七十雙壽誕的情景，體現的是子孝父榮的祥和大家景象

《管子·小稱》載：「桓公、管仲、鮑叔牙、甯戚四人飲，桓公謂鮑叔牙曰：「闔不起為寡人壽乎？」《燕丹子》載：「太子（燕太子丹）置酒請荊軻，酒酣，太子起為壽。」[054] 鴻門宴上，范增為刺殺劉邦，召項莊「入前為壽」[055]。這些都是隨時獻酒祝壽的習俗。

送壽禮的風俗也產生了。《史記·刺客列傳》載，戰國嚴仲子「奉黃金百鎰，前為聶政母壽」。《戰國策·趙策三》載，趙國平原君「以千金為魯連壽」。《史記·衛將軍驃騎列傳》載，西漢大將軍衛青以五百金為王夫人壽。都是以金作壽禮祝壽的習俗。

祝壽、獻酒和獻金上壽，雖有祝願健康長壽之意，但都不是在生日這天進行，只是單純地上壽，而不是慶祝壽誕。

民間慶賀生日，起於南北朝的江南。上述周歲試兒，大宴賓客已啟動過生日的風俗。《顏氏家訓·風操》記載周歲試兒後，接著說：

自茲以後，二親若在，每至此日，常有酒食之事爾。無教之徒，雖已孤露，其日皆為供頓，酣暢聲樂，不知有所感傷。梁元帝年少之時，每八月六日載誕之辰，常設齋講。自阮修容薨歿之後，此事亦絕。

[054] 《太平御覽》卷五三九〈禮儀部一八·上壽〉引，北京：中華書局，1960 年影印版。

[055] 《史記·項羽本紀》，北京：中華書局，1959 年版。

當時做生日有兩種情況，一種是雙親在世，生日那天設酒慶賀，父母去世後，就不再過生日了。梁元帝每年八月六日做生日，自生母阮修容死後，就不再做了。另一種是所謂的「無教之徒」，亦即民間，父母去世後仍置酒樂，慶祝生日。所以，顧炎武講：「生日之禮，古人所無。至齊梁間，乃行此禮。」[056]

這兩種情況一直延續到唐前期。唐太宗對長孫無忌講：「今日吾生日，世俗皆為樂，在朕翻成傷感……詩云『哀哀父母，生我劬勞』。奈何以劬勞之日更為宴樂乎！」[057]

唐玄宗開元十七年（西元 729 年），丞相源乾曜、張說奏請，將唐玄宗的生日（八月初五）定為千秋節，「布於天下，咸令宴樂，休假三日，群臣以是日獻甘露醇酎，上萬歲壽酒」[058]。唐玄宗詔準日：「依卿來請，宣付所司。」這是皇帝明確表態把獻酒上壽的古禮與生日合併起來了。

[056]　《日知錄》卷一三，上海：上海古籍出版社，1984 年版。
[057]　《資治通鑑 · 太宗貞觀二十年》，北京：中華書局，1959 年版。
[058]　張說：〈請八月五日為千秋節表〉，載《全唐文》卷二二三，北京：中華書局，1960 年版。

清末緙絲〈壽老仙童圖〉　清代徐揚繪〈野老喜晴圖〉

楊貴妃 37 歲生日時，唐玄宗親到華清池為她祝壽，命 15 歲以下的梨園弟子在長生殿演奏新曲，從嶺南運送的荔枝到達，遂將新曲定名為〈荔枝香〉。

可知自唐玄宗開始，皇帝、貴妃都開始慶賀壽誕了。依照此例，唐宋皇帝都為自己的生日立節慶賀。如唐肅宗的生日叫「天成地平節」，唐武宗叫「慶陽節」。宋代皇帝生日又稱「聖節」。宋太祖的聖節叫「長春節」，宋徽宗的聖節叫「天寧節」，北宋九朝皇帝都有聖節。還有的為皇太后生日立節。宋仁宗為劉太后正月初八生日立「長寧節」。明清時期，皇帝、皇太后的生日統稱為「聖壽節」、「萬壽節」，皇后、皇太子的生日稱為「千秋節」。

每遇皇帝、皇太后、皇后、皇太子生日，往往普天同慶。文武百官進獻壽禮，皇帝大宴群臣，有時還大赦天下。明清時還要請教坊司或戲班演戲賀壽。1894 年陰曆十月初十是慈禧太后 60 壽辰，不惜動用海軍經費，提前幾年將清漪園重修為頤和園。壽辰前後，美化宮殿、宴席、賞賜等各項開支共耗費白銀 1,000 多萬兩。

從宋代起，收取壽禮還成為各級官吏搜刮民財的有效方式。宋太祖開寶年間（西元 968—976 年），神泉縣令張某張榜公布自己和妻子的生日，以暗示僚屬百姓送禮。[059] 南宋紹興二十六年（西元 1156 年），「詔內外見任官，因生日受所屬慶賀之禮及與之者（送禮者），各徒三年，贓重者依本法」[060]。收取壽禮的歪風，竟嚴重到朝廷立法禁止的程度。由此可知，北宋末蔡京的「生辰綱」所傳不虛。

民間的祝壽活動也盛行起來。壽誕那天，要設壽堂，掛壽聯、壽圖，擺宴慶賀。壽聯上寫「壽比南山松不老，福如東海水長流」之類的聯語。壽圖有〈壽星圖〉、〈王母獻壽

[059] 《古今圖書整合·官常典·縣令部》引《駭聞錄》，北京：中華書局，成都：巴蜀書社，1985 年版。

[060] 《建炎以來系年要錄》卷一七五，北京：中華書局，1966 年版。

圖〉、〈八仙慶壽圖〉、〈麻姑獻壽圖〉等。麻姑是傳說中的長壽女仙。東晉葛洪的〈神仙傳〉說，她能指米為珠，曾見東海三次變為桑田。東漢桓帝時，麻姑降蔡經家，年似十八九歲，說近日蓬萊海水又變淺了。[061]

壽宴中不可缺少的是湯餅和壽桃。湯餅即上述洗兒風俗中的長壽麵，此後每年過生日都要吃，壽誕上就更不可缺少了。桃是長壽果。傳說，漢武帝好長生之道，西王母將三千年一熟的蟠桃送給他，漢武帝食後欲留核種之。西王母說：「此桃三千年一實，中土地薄，種之不生。」[062] 西王母還向漢武帝傳授了長生之道和修煉長生的符書。《西遊記》中，孫悟空偷吃蟠桃，王母娘娘開蟠桃會的說法，更加強了人們對壽桃的重視。民間慶壽的壽桃，一般用白麵製作，尖部染上紅色。

直到今天，人們仍遵守這一古老的傳統，以充分展現時代特色的各種形式慶祝老人的生日，祝願他們健康長壽。

[061] 《太平廣記》卷六〇〈女仙五〉引，北京：中華書局，1961 年版。
[062] 《太平御覽》卷六六一〈道部三．真人下〉引《集仙錄》，北京：中華書局，1960 年影印版。

第五節
養生和養性

中國不像其他宗教社會那樣視人生為苦海，人生有原罪，而追求來世的解脫。《孝經・聖治章》引孔子語曰：「天地之性，人為貴。」道教有句話叫「天大，地大，生大」。生命是中國人心目中第一寶貴的東西。對生命的眷戀，對益壽延年的探討和追求，對有害於生命的性格的自律，成為生老風俗的一項十分重要的內容。

一、養生

「人生苦短」，不能永恆地活在世上，始終是困擾人類的最大遺憾。古代的神仙家、醫家、道家都曾以超越生命的積極進取精神力圖解決這一人生課題，從而創造和融會成了中國古代的養生文化。後來的道教吸收了這些成果，創造出服食丹藥、服氣、導引、按摩、叩齒、咽津、辟穀、房中等各種養生之道。

談到養生，人們往往覺得道教的那些方法過於專深和神祕，脫離世俗生活。世俗生活中的養生之道，主要是在儒家思想影響下形成的人生健康常識。

孔子最早提出了中國具有理論形態的養生學命題，叫做「仁者壽」。「仁」是孔子對各種道德修養的概括，這裡主要是指「性靜」、「仁者不憂」，即心平氣和，包括保持平衡的心態和寬廣的胸懷。如「不怨天，不尤人」、「君子坦坦蕩蕩」[063] 等。《孔子家語．在厄》載，子路問孔子曰：「君子亦有憂乎？」孔子曰：「君子其未得也，則樂其意，既得已，又樂其治，是以有終身之樂無一日之憂。小人未得也而憂不得，既得之又恐失之，是以有終身之憂而無一日之樂也。」曾子把這些思想概括出了一句養生名言，叫做「心廣體胖」[064]。千百年來一直被作為養生的名言至理。

要養生長壽，還需清心寡慾，限制超常的慾望。《禮記．曲禮》講：「敖不可長，欲不可縱，志不可滿，樂不可極。」孔子針對好色、好鬥、好貪有礙身心健康，提出了人生三戒的原則：「少之時，血氣未定，戒之在色；及其壯也，血氣方

[063] 〈論語．雍也〉、〈論語．子罕〉、〈論語．憲問〉、〈論語．述而〉，載《諸子整合》，上海：上海書店，1986 年影印版。
[064] 〈禮記．大學〉，載《十三經註疏》，北京：中華書局，1980 年影印版。

剛，戒之在鬥；及其老也，血氣已衰，戒之在得。」[065]《孟子．盡心下》則明確提出了「養心莫善於寡慾」的思想。

儒家的養生之道，分養心和養身兩個方面。上述《論語．鄉黨》中提出的飲食原則，儒家教學內容禮、樂、射、御、書、數中的樂（武舞）、射、御，《周禮．天官》中的「醫師」，都是儒家關於飲食保健、體育保健、醫療保健的養身理論。

儒家的這些養生思想沒有神祕色彩，貼近世俗生活，因而在養生民俗中廣泛流行。《戰國策．趙策四》載，觸讋說趙太后時，說自己「自強步，日三四里，少益嗜食，和於身」就符合《荀子．天論》中「養備而動時，則天不能病」的原則，是民間一般的體育保健活動，現在叫做「飯後百步走，活到九十九」。

二、養性和座右銘、「忍」

養性與養生的價值選擇不同，養生在於健康長壽，養性在於培養自己的性格和修養，也叫養心、修心。

養性主要指性格的自律。《論語．先進》載，孔子弟子冉求遇事退縮不前，子路魯莽好勝，孔子分別對他們進行了開導。這是性格的他律，而不是自律。後人把孔子的人生「三

[065]　〈論語．季氏〉，載《諸子整合》，上海：上海書店，1986 年影印版。

戒」奉為信條，時刻告誡自己，就屬於養性的範疇了。

《韓非子‧觀行》載：「西門豹之性急，故佩韋以自緩；董安于之心緩，故佩弦以自急。」可知自先秦時期，就有以各種佩飾來告誡、鞭策自己的養性風俗。

漢代出現一種較普遍的養性形式，叫「座右銘」。東漢書法家崔瑗年輕時為兄報仇，殺人後逃亡，遇大赦而還，作銘以自戒，置座右，稱作「座右銘」[066]。崔瑗的兒子崔寔寫出《政論》，當世稱之。仲長統主張，「凡為人主，宜寫一通，置之座側」[067]。《舊唐書‧劉子玄傳》載，唐朝劉知幾著《史通》，「太子右庶子徐堅深重其書，嘗云：『居史職者，宜置此書於座右。』」可見座右銘的文字可多可少，形式也不拘一種。

座右銘上書寫較多的是「忍」字，它不僅是古人的養性風俗，還是處世哲學。

《尚書‧君陳》載：「必有忍，其乃有濟。」《論語‧衛靈公》載孔子語曰：「小不忍，則亂大謀。」儒家首先提出這個命題後，被後人奉為修身養性的千古信條。

唐玄宗時，光祿卿王守和不僅大書「忍」字在幾案間為座右銘，甚至連屏風、帷帳上也繡畫「忍」字，還對玄宗

[066] 《文選‧崔瑗‧座右銘》，上海：上海古籍出版社，1998 年版。
[067] 《後漢書‧崔寔列傳》，北京：中華書局，1965 年版。

講：「堅而必斷，剛而必折，萬事之中，忍字為上。」北宋宰相富弼曾言：「忍之一字，眾妙之門，睦族處事，尤為先務」。宋代官場上有一句話，叫做「吃得三斗釅醋，方做得宰相」。[068]

古人認為，忍則事成，忍則免禍，忍則和睦。西漢韓信受辱於胯下，他的成功和歲月的流逝，洗去了他的屈辱，成為歷史上「忍」的典範。《舊唐書·張公藝傳》載，唐朝張公藝九代同居，北齊、隋、唐皆旌表其門。唐高宗封禪泰山路過鄆州（治今山東省東平縣），親倖其家，詢問齊家的訣竅。張公藝「請紙筆，但書百餘『忍』字，高宗為之流涕」。「張公百忍」換來了全家和睦，也吸引著後來的張姓人家掛上了「百忍」的堂匾，可誰知道張公「百忍」了多少辛酸苦楚？

元代趙孟頫繪〈張公藝九世同居圖〉

[068]　《古今圖書整合·人事典·含忍部》引《開元天寶遺事》、《讀書鏡》、《官箴》，北京：中華書局，成都：巴蜀書社，1985 年版。

孔子尚且有「是可忍，孰不可忍」，後來倡導的忍簡直「忍無可忍」。《新唐書‧婁師德傳》載，唐朝婁師德教育弟弟要忍耐。弟弟說：「人有唾面，潔之乃已」。婁師德急忙說：「潔之是違其怒，正使自乾耳。」這種懦弱而荒唐的忍讓，被稱作「唾面自乾」。

現代人除繼續將「小不忍則亂大謀」掛在嘴邊外，像「委曲求全」、「退一步，海闊天空，忍一時，風平浪靜」、「宰相肚裡能撐船」等，都籠罩著古代「忍」的陰影。

古人以「忍」養性，固然是為了培養寬廣、大度的胸懷，也的確能避免許多將要發生的爭鬥和禍端。但是，忍讓掩蓋了膽怯和軟弱，懦夫也分享寬宏大量的虛榮。因此，以「忍」養性又消磨了人的個性稜角和原則精神，使人們放棄了對邪惡行為的積極抗爭，培養了膽小怕事、畏首畏尾的弱者心態。

第六節
人生觀念評析

中國的生老風俗，集中而鮮明地展現了中國人的人生價值觀念。

一、天地性，人為貴

在中國生老風俗中，祈子、胎教、懸弧掛帨、洗三、試兒、冠禮是不可缺少的人生禮儀。出生後，有三日、滿月、周歲、生日、祝壽等反覆進行的慶賀活動。一個人不僅有姓名，還要有字、號、生肖屬相以及界定人生階段的弱冠、而立、不惑、艾、耆、耄、耋、期頤等多種文化符號。懷孕期間有各種食物禁忌，棗、栗子、錢、蔥、長壽麵、壽桃等都要為各種人生慾望服務。還有儒、道、醫、神仙等各家的養生之道和以座右銘、忍等為代表的養性風俗。這一切，都透露著這樣一種人生觀念：人生是豐富多彩的，是可貴的、莊嚴的、自豪的，都表現了對人生的高度重視和認真負責精神。

二、生命價值與社會價值的溝通

人生價值可分為生命價值與社會價值。其實，無論單純強調生命價值的道家、道教、醫家，還是強調社會價值的儒家，都是二者的統一。

道家和東漢產生的道教強調人的生命價值，但他們的思想理論對古代的哲學、醫學、養生學及科技文化做出了重大的貢獻，已在不知不覺中實現了人生的社會價值。中國的醫學家（包括相當一部分道教醫學家）具有「人命至重，有貴千金」的救死扶傷精神，在創造人的生命價值的同時，也實現了自己的社會價值。

儒家雖然極度強調人的社會價值，但並不否認人的生命價值，只是在二者不能兼存時，要毫不猶豫地「殺身以成仁」、「捨生而取義」。

中國生老風俗首先表現了對生命的重視，對「活著」的欲求。祝壽、敬老養老、養生之道以及人們常講的「人命關天」、「人生易老」，甚至是「螻蟻尚且貪生」、「好死不如賴活著」的俗語，無一不是這樣。對人生不吉利的物象和事象，尤其是死，特別忌諱和厭惡，因而存在著許多「逢凶化吉」的行為和思維方式。這種「重生惡死」的心態，反映了人們對生命價值的珍視。

然而，這個重視、保留下來的生命，又必須具有社會價值。從胎教、試兒到幼學的人生禮俗，無不充滿著望子成龍的企盼。成年禮意味著弱冠請纓，建功立業的開端。「強而仕」、「艾服官政」，則給每個人提出了「荷旄仗節鎮家邦」的要求。人生要為國家、為民族、為社會建功立業，青史留名才有價值。那些毫無意義地活著而玩物喪志的人，向來被人稱作是「行屍走肉」。

司馬遷講：「人固有一死，死有重於泰山，或輕於鴻毛。」[069] 可以說是對古代人生價值觀念的概括。

三、人生的樂和福

中國人很早就體驗出人生的樂和福。

樂是儒家的處世精神，孔子在體驗人生之樂方面可以說影響了 2,000 年來的中國人生風俗。《論語 · 學而》稱：「學而時習之，不亦說乎；有朋自遠方來，不亦樂乎？」《論語 · 述而》載：「飯疏食飲水，曲肱而枕之，樂亦在其中矣。」《孟子 · 盡心上》講，君子有三樂，「父母俱在，兄弟無故，

[069] 《漢書 · 司馬遷傳》，北京：中華書局，1962 年版。

一樂也；仰不愧於天，俯不怍於人，二樂也；得天下英才而教育之，三樂也」。

《列子．天瑞》載，孔子游泰山，遇到一個叫榮啟期的，鹿裘帶索，鼓琴而歌。孔子問：「先生所以樂，何也？」榮啟期回答說：「吾樂甚多。天生萬物，唯人為貴，而吾得為人，是一樂也；男女之別，男尊女卑，故以男為貴，吾既得為男矣，是二樂也；人生有不見日月，不免襁褓者，吾既已行年九十矣，是三樂也。」

宋代馬遠繪〈孔子訪榮啟期圖〉

在諸多的「樂」中，人生本身就是最大的快樂，據此，真可以做到孔子說的「無憂」了。

《尚書·洪範》講，人有五福：「一曰壽，二曰富，三曰康寧，四曰攸（喜）好德，五曰考終命（長壽善終）。」

《韓非子·解老》稱：「全壽富貴之謂福。」

福也是老百姓常掛在嘴邊的字眼。能吃點好東西，叫做「口福」，看點好東西，叫「眼福」，甚至有個紅顏知己也叫「豔福」。其他像祝福、福相、福氣、福星高照、「大難不死，必有後福」等比比皆是。一個人如果不能體驗人生的幸福，叫做「身在福中不知福」。中國的許多條屏都寫著「福、祿、壽、禧」或者「富、貴、壽、康」四個字，可以說是對福的概括和渴求。

中國的生老風俗，從懷孕到老年慶壽，一直處在不間斷的喜慶活動當中。每一項禮儀，又都是對當事人的祝福，充分反映了樂與福的人生觀念和人生追求。

四、君子以自強不息

中國的生老風俗不僅充滿人生樂趣，使人感到人生是那麼充實，那麼值得留戀，而且還激勵、促進著人們日日上進，召喚著人們自尊、自重，認真執著地對待人生而決不能虛度。它所反映出的種種人生觀念，凝聚為中國人的一種可貴的人生精神，那就是積極有為，執著而不放棄，勇敢地面對命運的挑戰。《周易·乾卦》叫做「天行健，君子以自強不息」。

這種自強不息，首先表現為富有韌性，鍥而不捨的精神和對成功的堅定信念。

《荀子·勸學篇》指出：「鍥而不捨，金石可鏤。螾（ㄧㄣˇ）無爪牙之利，筋骨之強，上食埃土，下飲黃泉，用心一也。」《列子·湯問》所記載的「愚公移山」的寓言，《潛確類書》卷六十記載的「鐵杵成針」的故事，也讚揚了這種毅力和自信。「事在人為」、「功到自然成」、「功夫不負有心人」、「若要功夫深，鐵棒磨成針」的成語和諺語，說明中國的老百姓似乎更能理解它的深刻內涵。

西漢劉向《說苑》[070] 載，春秋師曠講：「少而好學，如日出之陽；壯而好學，如日中之光；老而好學，如炳燭之明。」這種學無止境的精神後來叫「活到老，學到老」，也反映了一種堅忍不拔、自強不息的人生追求。

對人生的樂感和眷戀，還使中國人在命運維艱的處境中不是悲觀失望，而是奮發圖強，有所作為。對此，司馬遷體會得最為深刻，《史記·太史公自序》稱：

> 昔西伯拘羑里，演《周易》；孔子厄陳蔡，作《春秋》；屈原放逐，著〈離騷〉；左丘失明，厥有《國語》；孫子臏

[070] 《古今圖書整合·學行典·學問部》引，北京：中華書局，成都：巴蜀書社，1985 年版。

臏腳，而論兵法；不韋遷蜀，世傳《呂覽》；韓非囚秦，〈說難〉、〈孤憤〉；《詩》三百篇，大抵賢聖發憤之所為作也。

中國人對人生進取的執著，有各方面的表現和不同的人生價值選擇。大到超越生命，小到日出而作，日落而息，都不輕言放棄。講求信義者，追求「士為知己者死」；追求財富者，講「人為財死，鳥為食亡」；追求功名者尤為痴情，竟使科舉制「賺得英雄盡白頭」，把一生消磨在寒窗之中，還要高唱「書中自有黃金屋，書中自有顏如玉」。即使是面朝黃土背朝天的農民，面對旱澇病蟲等無數次顆粒不收的挫折，也依舊早出暮入，孜孜不倦。經不起挫折，灰心喪氣，不僅是處事態度問題，更是道德意志上的墮落。「君看金盡失顏色，壯士灰心不丈夫」。這種為不同的價值信念百折不撓的追求，也是一種自強不息的表現。

喪葬風俗

喪，指哀悼死者的禮儀；葬，指處置死者遺體的方式。喪葬風俗是中國孝文化的具體表現和組成部分，主要包括居喪、墓葬、祭祀等方面的風俗和禮儀。它反映著不同民族、地區的倫理道德、宗教觀念和親族、家族意識。

第一節
靈魂不滅的迷惑

原始社會初期，人們並不掩埋同類的屍體，而是棄之於山野。《孟子．滕文公上》載：「上世嘗有不葬其親者，其親死，則舉而委之於壑。他日過之，狐狸食之，蠅蚋姑嘬（ㄗㄨㄛ）之。其顙（ㄙㄤˇ）有泚（ㄘˇ），睨而不視……蓋歸，反虆梩（ㄌㄟˊ　ㄌㄧˊ）而掩之。」從不葬其親到「虆梩而掩之」，出於不忍親人遭受野獸、昆蟲的傷害，這種倫理意識，成為掩埋同類的原因。

一、喪葬禮儀的定型

母系氏族社會，人們之間的血親關係比較明確了。人們經常夢見死去的親人仍在生活和生產，就認為他們仍然生活在另一個世界，產生了靈魂不滅的觀念。18,000 年前的山頂洞人把居住的山洞深處作為公共墓室，覆土掩埋死者，屍體上撒有赤鐵礦粉，並有石器、穿孔獸牙等裝飾品，反映了原始的宗教觀念。

母系氏族公社時期，是中國墓葬的開始。以仰韶文化為代表的遺址中，大多有氏族的公共墓地，一般使用土坑葬，有單人葬、母子合葬、同性多人合葬、二次葬、埋葬兒童的甕棺葬。有的墓地頭部都指一個方向，可能是靈魂的去向。甕棺葬的器具都留一個小孔，以備靈魂出入。隨葬的生產工具、生活用具是讓死者在另一個世界用的。二次葬和統一的公共墓地便於活著的氏族成員統一祭祀死者。這些都反映了一定的喪葬儀式。

根據民族學的材料印證，當時已產生原始的巫術和巫覡。古代匈奴、鮮卑、高車、柔然、肅慎、突厥等族的氏族社會，都有從事巫術的「薩滿」。西藏東南部的珞巴族，在21世紀初還處於原始社會，很早就有負責祭神、跳神的「紐布」和占卜的「米劑」。景頗族的巫師「西早」為死者主持一次「送魂」儀式，可得到一頭牛。

到父系氏族社會，出現了一男一女、一男二女合葬的現象，這應是夫妻「黃泉共為友」觀念的最早反映。

商代以前的喪葬禮制已難稽考，西周把一整套喪葬的繁文縟節稱作凶禮，屬周禮五禮之一。《儀禮》中的〈喪服〉、

〈士喪禮〉、〈既夕禮〉、〈士虞禮〉以及《周禮》、《禮記》中，有詳細的記載，3,000年來，對中國的喪禮一直起著規範作用。周代還有一種專門相禮的行業，稱作「儒」。孔子年輕時以儒為業，熟悉周禮和養生送死的各種禮儀。

因此，到西周時期，中國傳統的喪葬儀式和禮制就全面確定了。

二、各民族葬法搜奇

由於各地區的地理環境、氣候條件、經濟生活不同，對靈魂不滅的解釋也不同，產生了各地區、各民族的不同葬法。

《荀子．大略》載：「氐羌之虜也，不憂其系壘（被俘虜）也，而憂其不焚也。」《墨子．節葬》載：「秦之西有儀渠之國者，其親戚死，聚柴薪而焚之，燻上，謂之『登遐』。」佛教僧侶都實行火葬，認為火葬象徵著昇天，到西方極樂世界。雲南普米族認為，火葬可以把靈魂送入光明世界，土葬將靈魂埋入地下，永遠不能轉生，這顯然是佛教的影響。

從遠古到明朝，較流行崖葬，以南方的漢族和少數民族為多。早期是利用自然的崖穴、山洞。傳說大禹死後葬在會稽山，稱作「禹穴」，就是山洞。1978年，在福建武夷山懸崖絕壁的崖洞中發現有墓葬，相當於青銅時代。後期則鑿崖為墓。四川地區從漢到南北朝期間，發展起眾多的崖墓，有的在高峭的懸崖上鑿崖為棺。唐朝的皇陵多依山為陵，也是崖葬。

在崖葬中有一種懸棺葬，流行於南方。有的利用絕壁上的天然平臺、石墩，有的在崖上開鑿橫龕，有的在峭壁上鑿孔釘樁，放置木棺。懸棺越高，對死者越尊重。

福建武夷山懸棺葬

遠古時代的崖葬，與人類早期居住山洞有關。道教產生後，認為人死「羽化昇天」，入地府則為鬼，崖墓高出地面，是成仙的場所，稱作「仙人山」、「升真洞」、「仙蛻巖」。唐朝和四川地區尊崇道教，故較流行崖葬。

西藏及土、怒、羌、畲、裕固、拉祜等族流行天葬，古籍上也稱「鳥葬」。一般將屍體運至天葬場，割碎喂鷹，死者的頭顱、骨架也要砸碎，拌糌粑投餵。若屍體被鷹食盡，則為吉祥。青海地區的天葬把屍體放在山頂上，親友躲在遠處觀看，若被野禽頃刻食盡，則皆大歡喜。他們認為，鷹能把人的靈魂帶入天堂，若吃不完，則是死者罪惡深重，連野鳥都不願意吃。

東北和內蒙古的少數民族流行樹葬、風葬、木架葬。《魏書·失（石）韋傳》載，失韋「父母死，男女眾哭三年，屍則置於林樹之上」。《北史·契丹傳》載，契丹人死，先置屍於樹上，三年後再焚燒骨架。《周書·異域傳》載，庫莫奚人「死者則以葦薄裹屍，懸之樹上」。

近現代黑龍江的鄂倫春、赫哲，呼倫貝爾的布特哈，內蒙古的鄂溫克等民族，仍流行樹葬。鄂倫春人把死者填入樹洞內，或者放在利用大樹搭成木架上。[071] 赫哲族則在地上搭木架安放屍體。這種樹葬又稱「風葬」，利用呼嘯的寒風吹乾屍體。嚴寒的環境和狩獵經濟意識，使他們把野獸眾多的大森林當成死者的歸宿，以期死後仍過著狩獵的生活。

生活在水邊的人們有的實行水葬。實行這一葬法的有藏族、四川大渡河邊的漢族、門巴族、傣族，四川甘孜、阿壩的各民族。浙江東部和舟山群島一帶的漁民則流行海葬。實行水葬的地區一般同時有多種葬法。暴病、凶死、夭亡者，或貧民使用水葬；富人、正常死亡的人用土葬、天葬、火

[071] 參見趙芳編著：《中國古代喪葬》，北京：中國商業出版社，2015 年版，第 85-86 頁。

葬。前者把江河湖海視為生命的泉源和靈魂的歸宿，後者則認為他們的靈魂已脫離今世，升入天堂。

二次葬又稱撿骨葬、洗骨葬。《後漢書·東夷列傳》載，東沃沮人「其葬，作大木槨，長十餘丈，開一頭為戶，新死者先假埋之，令皮肉盡，乃取骨置槨中，家人皆共一槨」。這種二次葬，與一家人生前同住一間大屋同義。在實行火葬、風葬、合葬的地區，有許多都實行二次撿骨葬。他們認為，血肉屬人間之物，待其腐朽後，靈魂才能進入陰間世界，所以要重新安葬屍骨。現在流行的先火化，後安葬入土的葬法，也是二次葬。

第二節
喪葬禮儀

一、初終、小殮、大殮、送葬

初終

死是人生旅程的結束，也是初終的開始。人死在床上被認為不吉，一定要在正室，也叫正寢，這樣才有別於橫死、客死、夭折，叫做「善終」，也叫「壽終正寢」。將死之際，家屬守在身邊，「屬纊（ㄎㄨㄤˋ）以俟絕氣」[072]。即在死者鼻孔前放一點新綿絲（後用新棉花）試氣，綿絲不動才能確認斷氣。後來把「屬纊之際」作為臨危的代稱。

死者斷氣後，家人拿著死者衣服向祖先發源的方向，拉長聲音高呼死者名氏，呼喚死者回來，稱作「復」，俗

[072] 〈禮記．喪大記〉，載《十三經註疏》，北京：中華書局，1980 年影印版。

稱「招魂」。《禮記 · 喪大記》載：「凡復，男子稱名，婦人稱字。」唐朝詩人王建〈送阿史那將軍迎舊使靈櫬（ㄔㄣˋ）〉云：「單于送葬還垂淚，部曲招魂亦道名。」、「復，盡愛之道也」[073]，表示為挽救死者做最後的努力。復之後再驗纊，如還不動，才確定為真死，接著開始哭喪。男主人嗚咽而啼，兄弟應大哭，婦女應捶胸頓足。

復之後，由另一人接過復用的衣服為死者穿上，用殮巾覆蓋屍體，叫做「幠（ㄏㄨ）殮」。在屍體東側（後改為南側）設酒食供死者飲用，明清時稱「倒頭飯」。死者家屬脫掉華麗衣服，摘去首飾，換上淡素衣服，開始居喪。

復之後，要在堂前西階豎一旗幡，上書死者名氏，稱作「銘（明）旌」、「書銘」。《禮記 · 喪服小記》稱：「復與書銘，自天子達於士，其辭一也。男子稱名，婦人書姓與伯仲，如不知姓則書氏。」銘旌的目的是讓外人知道死者是誰。《禮記 · 檀弓下》載：「銘，明旌也，以死者為不可別已，故以旗識之。」上引王建詩的最後一句是「路人來去讀銘旌」，形象地反映了銘旌的作用。

在堂前庭中置一塊木牌，暫時代替死者神主，以象徵死者亡靈，稱作「設重」。晚上在堂上燃燭，稱作「設燎」，便於亡靈享用供品。

[073] 〈禮記 · 檀弓下〉，載《十三經註疏》，北京：中華書局，1980 年影印版。

哭喪後，要為死者沐浴，以便讓死者潔淨返本，稱作「洗屍」。然後將珠、玉、璧、貝等物放入死者口中，稱作「飯唅」。《白虎通·崩薨》載：「所以有飯唅何？緣生食，今死，不欲虛其口，故唅。用珠寶物何也？有益死者形體，故天子飯以玉，諸侯以珠，大夫以璧，士以貝也。」

屬纊、復、幠殮、銘旌、設重、洗屍、飯唅、設燎，以及下述的訃告，都屬初終的禮儀，要在一天之內完成。

小殮

小殮是指為死者穿上入棺的壽衣，一般在第二天進行。天子七日小殮，諸侯五日小殮。《禮記·喪服大記》載：「小殮，君、大夫、士，皆用復衣復衾。」前面講過，「復衣」即裌衣、綿衣。現代小殮的壽衣，也是棉衣、棉褲。衾是大被子，用來包裹屍體。

大殮

大殮即入棺儀式。主人、主婦在執事人的幫助下，親自奉屍入棺。《禮記·曲禮下》講：「在床曰屍，在棺曰柩。」即大殮後才可稱柩。大殮禮畢，叫做「既殯」。古稱殮而未葬曰殯，現在把「殯」和「葬」混在一起了。既殯後，死者家屬穿上不同等級的孝服，稱作「成衣」。

送葬

送葬也稱「既葬」。《世說新語．傷逝》載：「王仲宣好驢鳴。既葬，文帝臨其喪，顧與同遊曰：『王好驢鳴，可各作一聲以送之。』」《禮記．王制》載：「天子七日而殯，七月而葬；諸侯五日而殯，五月而葬；大夫、士、庶人三日而殯，三月而葬。」秦漢以後，往往幾天後就入葬。漢文帝死後七日入葬，東漢章帝十二日入葬。現代一般百姓則治喪三日。

下葬的前一天，取下銘旌放在重上，用靈車載重並行，把靈柩遷入祖廟祭奠，稱作「遷柩」、「祖奠」。遷柩之禮後世不常舉行。第二天，靈車啟行，前往墓地，稱作「發引」，後世又稱「出殯」。發引隊伍由喪主在前，邊哭邊行。親屬以繩索牽引靈車，稱作「執引」，以繩索牽引棺柩稱作「執紼」。前來助葬者也要執紼。《禮記．曲禮上》稱：「助葬必執紼。」

從漢代開始，執紼者要高唱輓歌。輓歌取材於齊國東部的歌謠，有〈薤（ㄒㄧㄝˋ）露〉、〈蒿里〉兩首，前者送王公貴人，後者送士大夫、平民。干寶《搜神記》曰：「輓歌者，喪家之樂；執紼者，相和之聲也。輓歌詞有〈薤露〉、〈蒿里〉二章，出田橫門人。橫自殺，門人傷之，為悲歌。言人如薤上露，易晞滅也。亦謂人死，精魂於蒿里。」

〈古辭〉曰：「薤露朝露何易晞，明朝更復露人死，一去何時歸？二章曰：蒿里誰家地？聚斂精魂無賢愚，鬼伯一何相催促，人命不得少躊躇。至李延年乃分為二曲，〈薤露〉送王公貴人，〈蒿里〉送士大夫、庶人，使挽柩者歌之。」[074]

可知輓歌起始於齊地田橫門人，到漢武帝正式使挽柩者唱輓歌。所以《晉書 · 禮志中》講：「漢魏故事，大喪及大臣之喪，執紼者輓歌。新禮以為，輓歌出於漢武帝役人之勞歌，聲哀切，遂以為送終之禮。」後來的輓歌不再局限於〈薤露〉、〈蒿里〉，可隨意而作。《隋書 · 盧思道傳》載：「（北齊）文宣帝崩，當朝文士各作輓歌十首，擇其善者而用之。」北齊名士魏收、陽休之、祖孝徵各被選中一、二首，盧思道獨得八首。

後世富貴之家送葬的排場極大，由方相氏開道，樂隊前導，僱人高舉顯示身分的旗幡，抬著紙紮的各種明器，僧尼、道士跟在後面唸經誦號，一路拋撒紙錢。有的親友在靈車經過的地方搭棚祭奠，稱作「路祭」。

下葬的方法主要有兩種：天子通隧道而入，諸侯以下懸棺而入。《左傳 · 僖公二十五年》載，春秋晉文公平定了周王室王子帶的叛亂，向周襄王「請隧」，周襄王拒絕說：「王章

[074] 《太平御覽》卷五五二〈禮儀部三一 · 輓歌〉引，北京：中華書局，1960 年影印版。

也（章顯王者與諸侯異）。未有代德，而有二王，亦叔父之惡也。」鄭玄注曰：「闕地通路曰隧。王之葬禮也，諸侯皆懸棺而下。」懸棺而入是在墓穴兩旁豎石碑或楹（木樁），上頭有孔，以穿孔為支點控制繩索，將棺柩慢慢放入墓穴。

魯班曾在喪葬方法上倡導技術革新，主張用「機封」代替原來的豐碑和楹。《禮記．檀弓下》記載：

> 季康子之母死，公輸若（魯班）方小。斂，般請以機封，將從之。公肩假曰：「不可！夫魯有初（傳統禮制）——公室視豐碑（鄭玄注：斷大木為之，形如石碑），三家視桓楹（孔穎達疏：桓，大也；楹，柱也）。般，爾以人之母嘗巧，則豈不得以（已）！其母以嘗巧者乎，則病者乎，噫！」弗果從。

魯班建議使用的機封，是一種能夠代替人力的機關。守舊貴族公肩假指斥他在人家母親身上嘗試技巧，因而沒能實現。這個故事說明，在傳統禮制的束縛下，再先進的科技發明也難登大雅之堂。

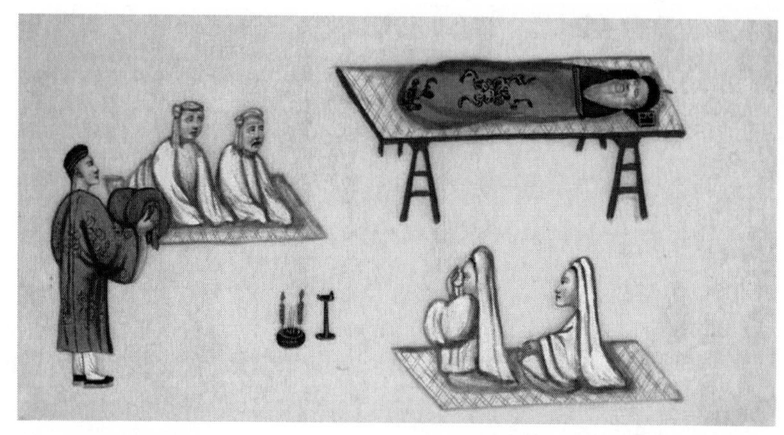

清人繪〈初終圖〉

清人繪〈畫真容圖〉
選自 19 世紀外銷畫
《街頭各行業人物》

清人繪〈報孝圖〉
選自 19 世紀外銷畫
《街頭各行業人物》

守靈
選自《中國民間信仰》

二、訃告、奔喪、弔喪、賻賵（ㄈㄨˋ ㄈㄥˋ）、謚號

訃告

訃告是初終的當日，派人向死者上級、親友報喪。訃告本作「赴告」，含奔赴相告之意。天子死了，要訃告諸侯、全國及鄰國。有時為了防止有人謀反、別國入侵或其他原因，不發訃告，叫「祕不發喪」。訃告一般寫明死者生卒年月和祭葬時日。現在的訃告多由死者家屬負責，親友則由死者家屬報喪。

奔喪

親屬接到喪訊，應立即上路返家，稱作奔喪。《禮記．奔喪》講，奔喪要「日行百里，不以夜行。唯父母之喪，見星而行，見星而舍」。

弔喪

親屬之外的朋友、同事、門生等接到訃告，要前往弔喪，亦稱弔唁。《晉書．陶侃傳》載，東晉陶侃母死，「有二客來吊，不哭而退，化為雙鶴，沖天而去」，後因稱弔喪為「鶴弔」。弔喪者要臨哭，為死者執引、執紼。《禮記．檀弓下》載：「行吊之日，不飲酒食肉焉。吊於葬者必執引，若從柩及壙皆執紼。」

按照周禮，國君弔唁戰場上為國犧牲的將士，如果是庶人和微小之臣，在郊野外行郊吊，即可安葬或派人將屍體送回家。如果是大夫，國君應親自到家弔唁。《左傳·襄公二十三年》載，齊莊公攻打莒國，齊國大夫杞梁殖戰死。齊莊公班師，在郊外遇上杞梁殖之妻，派人向她弔唁。杞梁妻推辭說：「殖之有罪，何辱命焉。若免於罪，猶有先人之敝廬在。」意思是說，如果杞梁有罪，不敢煩勞您弔唁；如果無罪，先人的廬舍還在，妾不接受郊吊，你這是不尊重殉國的烈士！齊莊公知道自己失禮，親自到杞梁家撫卹、弔唁。所以，《禮記·檀弓下》中，曾子稱讚「杞梁之妻之知禮也」。

秦漢以後，弔喪的方式增多，有的不遵禮制，以各種方式表達哀思。《後漢書·徐稚傳》載，東漢徐稚為黃瓊弔喪，設雞酒薄祭，哭完不告姓名而去。郭泰母死，徐稚置一把鮮草於廬前。《世說新語·傷逝》載，西晉孫楚學驢叫為王濟送葬。西晉束皙為好友作〈吊哭蕭孟恩文〉，這種祭文後來演變為輓詞、輓聯。現代弔喪，形式更加多樣。遠者致唁電、唁函，近者則參加追悼會或遺體告別儀式。

賻賵（ㄈㄨˋ ㄈㄥˋ）

古代送給喪主，助辦喪事的錢物叫賻賵，凡前往弔喪者一般要以賻賵助喪，明清時稱「奠儀」。現代所送的錢幣、花圈、輓聯、香紙等，仍稱作奠儀。

謚號

古代諸侯、大臣死了，天子接到訃告後，也要派人或親自前往弔唁，除贈賻賵外，還要賜謚。賜謚在遷柩前進行，先宣讀誄文，以蓋棺定論的形式總結死者生前的行事，叫做「誄」。誄只限於上對下，長對幼。《禮記 · 曾子問》載：「賤不誄貴，幼不誄長，禮也。」孔子死，魯哀公誄孔子曰：「天不遺耆老，莫相予位焉。嗚呼哀哉，尼父。」[075] 誄之後，宣布謚號，一般只有一二個字，是死者生前行為最簡明的概括。謚號有善謚，也有惡謚。唐朝張守節在《謚法解》中說：「謚者，行之跡；號者，功之表……是以大行受大名，細行受細名。」北魏崔挺留戀彭城，不肯到京赴任。死後，太常議謚曰「煬侯」。魏孝文帝說：「不遵上命曰靈，可謚為靈。」[076]

天子、皇帝死後也有謚號，主要由禮官議上。秦始皇曾取消這種「子議父，臣議君」的謚法，漢以後又恢復。

東漢又出現民間私謚。《後漢書 · 楊厚傳》載，蜀郡楊厚教授門徒 3,000 人，82 歲卒，鄉人尊謚為「文父」。宋元以後，「予（自）謚者僅曰某某，不繫公侯之字」[077]。

現代，謚法已發展為追悼會。誄文稱作悼詞，用來回顧死

[075] 〈禮記 · 檀弓上〉，載《十三經註疏》，北京：中華書局，1980 年影印版。
[076] 《魏書 · 崔挺傳》，北京：中華書局，1974 年版。
[077] （清）福格：《聽雨叢談 · 謚法》，北京：中華書局，1959 年版。

者的事蹟，給死者一個公正的評價，以寄託人們的哀思。能開追悼會的人，大都是為人民、為社會做出貢獻或者犧牲的英雄人物。近年來，多舉行遺體告別儀式，但都有成文的悼詞。

三、棺槨、隨葬品、墳墓、相墓

棺槨

《說文六上．木部》稱：「棺，關也，所以掩屍。」《周易．繫辭下》曰：「古之葬者厚衣之以薪，葬之中野，不封不樹，喪期無數，後世聖人易之以棺槨。」最早的棺是新石器時的陶甕棺，商以後才用木棺，周代形成棺槨制度。棺是一層層套在一起的，中間沒有空隙。大殮奉屍入棺，就是這種套棺。槨是用長方木卯榫相扣，直接裝在墓穴內。《莊子．天下篇》載：「古之喪禮，貴賤有儀，上下有等。天子棺槨七重，諸侯五重，大夫三重，士再重。」《荀子．禮論篇》認為「天子棺槨十重」，其他與《莊子》相同。《禮記．檀弓上》載：「天子之棺四重。」鄭玄注曰：「諸公三重，諸侯再重，大夫一重，士不重。」按此推論，天子棺槨是四棺三槨，諸侯三棺二槨，大夫二棺一槨，士一棺一槨。

棺槨之間有空隙，放置隨葬品。《禮記．喪服大記》載：「棺槨之間，君容柷（ㄓㄨˋ）、大夫容壺、士容甒（ㄨˇ）。」

秦漢以後，不再有棺槨的區別，一般把外層的套棺稱作槨。

貧民階層買不起棺，則用蘆蓆卷屍掩埋。東漢王堂瓦棺以葬，三國諸葛恪，「葦蓆裹其身而篾束其腰」[078]，投之石子岡。《南史·顧覬之傳》載，南朝顧憲之任衡陽內史，郡內因瘟疫死者大半，棺槨尤貴，「悉裹之葦蓆」。

隨葬品

原始社會墓中的隨葬品，大都是工具、陶製品。商周時代形成厚葬的風氣，大到車馬，小到金玉珠璣、青銅器、貨幣、璽印、簡冊、絲綢、衣物等，後世又增加了各種瓷器。安陽殷墟發掘的商王武丁的妻子婦好墓，僅青銅器就 210 件。湖北隨縣擂鼓墩曾侯乙墓中有 65 件成套編鐘，加上其他青銅器約達 10 噸之多。明神宗的定陵出土文物 3,000 多件，其中一對玉兔耳環，小白兔直立搗藥，兩隻大眼睛生動傳神，是用鮮紅的寶石鑲嵌的。所以，古代帝王、貴族的墓，幾乎都是一座地下寶藏。

在商周奴隸社會，奴隸主又用活人殉葬。《墨子·節葬》揭露：「天子殺殉，眾者數百，寡者數十；將軍、大夫殺殉，眾者數十，寡者數人。」考古發掘的情況，足以證明

[078] 《三國志·吳志·諸葛恪傳》，北京：中華書局，1959 年版。

此言不虛。在商朝殷墟發現的商王墓中，人殉多者達 400 餘人，甚至小貴族和一般平民也有殉葬現象。秦漢以後，多用俑來代替人殉。舉世聞名的秦始皇兵馬俑，形體與真人真馬相似，總數在 8,000 件以上，它們都是殉葬者，用俑代替了活人，還算是歷史的進步。儘管如此，活人殉葬仍未滅絕。明太祖用 46 妃殉葬，明成祖用 16 妃，一直繼續到明英宗。

墳墓

墳指高出地面的土堆，墓指墓穴，也稱「壙」、「兆域」。秦漢以前一般為豎穴土坑墓和木槨室，天子的墓穴通有隧道。諸侯以下的槨室像一口井，又稱「井槨」。平民沒有槨，只有一個土坑豎穴。戰國晚期出現用空心磚砌築的洞室墓，它的出現與傳統的夫妻合葬有關。

中國古代一直存在夫妻合葬的風俗。《詩．王風．大車》稱：「百歲之後，歸於其室。」《孔雀東南飛》云：「結髮同枕蓆，黃泉共為友。」白居易〈贈內〉詩：「生為同室親，死為同穴塵。」由夫妻合葬的習俗已升化為一種牢不可破的夫妻觀念。由於夫妻雙方不能同時死亡，使用土坑葬把先死者以泥土掩棺，合葬時既麻煩又不衛生，而磚砌的洞室墓開啟墓門就能合葬。所以，自磚砌洞室墓出現後，很快流行開來。三國吳國人吳達全家 13 口人因病餓而死，家徒四壁。吳達夫妻伐木燒磚，終於造磚室墓埋葬了全部親人。[079] 說明貧困小戶也盡力以磚室墓安葬親人。

墳在古代也稱作「塚」、「封」。《禮記‧檀弓上》引孔子語曰：「古也墓而不墳。」《周易‧繫辭下》講，上古墓葬「不封不樹」。《漢書‧劉向傳》載：「殷湯無葬處，文武周公葬於畢（今咸陽東北）……皆無丘壟之處。」崔寔《政論》講：「古者墓而不墳，文武之兆，與平地齊。」、「兆」指兆域，是墳墓的界址。據考古發現，春秋中期以前的墓葬，包括商王墓都沒有築墳的跡象。

土丘墳出現於春秋中期。《禮記‧檀弓上》載，孔子幼年喪父，長大找到父親的墓地，與遷來的母親合葬，感嘆說：「古也墓而不墳，今丘也東西南北之人也，不可以弗識也。於是封之，崇四尺。」該篇還講，孔子見到四種丘墳：「吾見封之若堂者矣，見若坊者矣，見若覆夏屋者矣，見若斧者矣。從若斧者焉，馬鬣封之謂也。」、「若堂者」呈四方形隆起，像堂基一樣；「若坊者」像堤壩一樣；「若覆夏屋者」寬廣而低矮，中間稍高；「若斧者」是像斧刃一樣的「馬鬣封」，孔子即採用了這一種。

土丘墳一出現便很快流行，並在墳頭植樹以為標記，合

[079] 《太平御覽》卷四一一〈人事部五二‧孝感〉引《晉中興書》，北京：中華書局，1960 年影印版。

稱「封樹」。到戰國，封樹就發展為「其高大若山，其樹之若林」[080] 了。秦漢以後，幾乎是無墓不封不樹了。

墳頭大小，樹木多少，成為死者身分的標誌。《周禮·春官宗伯·塚人》載，貴族「以爵等為丘封之度與其樹數」。賈公彥疏引《春秋緯》云：「天子墳高三仞（八尺為仞），樹以松；諸侯半之，樹以柏；大夫八尺，樹以欒草；士四尺，樹以槐；庶人無墳，樹以楊柳。」《禮記·王制》載，無爵等的庶人「葬不為雨止，不封不樹」。

漢律規定：「列侯墳高四丈，關內侯以下至庶人各有差。」[081] 唐以後各朝對從品官到庶民的丘墳都有具體規定，一品官為 18 尺（清 16 尺）；庶人，唐為 7 尺，宋明 6 尺，清 4 尺。我們平日說的「四尺墳頭」，源於上述孔子的「崇四尺」，也是清代庶民的丘墳。總之，在封建社會，官爵越高，墳墓越大，歷代的皇陵更是高大如山，稱作「陵」、「山陵」，反映了皇權的至高無上。

封前植樹的風俗流傳至今。《古詩十九首》描繪丘墓被毀的情況說：「古墓摧為田，松柏摧為薪。」唐詩人張籍〈野田〉詩：「古墓無子孫，白楊不得老。」孔子及後裔墓地的樹木竟達 3,000 多畝，發展為孔林。

[080] 〈呂氏春秋·安死〉，載《諸子整合》，上海：上海書店，1986 年影印版。
[081] 〈周禮·春官宗伯·塚人〉鄭玄注，載《十三經註疏》，北京：中華書局，1980 年影印版。

相墓

相墓又稱「相陰宅」。《舊唐書．呂才傳》引《葬書》云：「富貴官品，皆由安葬所致，年命延促，亦由墳壟所招。」《後漢書．袁安傳》載，袁安覓地葬父，有三書生指一處說：「葬此地，當世為上公。」汝南袁氏在東漢果然四世三公。《晉書．羊祜傳》載，相墓者稱西晉羊祜的祖墳有王氣，羊祜將其鑿壞。相墓者說：「猶出折臂三公。」後來，羊祜墜馬折臂，位至三公。這些說法當然是事後附會，但卻反映了當時祖墳佑及子孫的觀念。兩晉之際，郭璞以相墓擅名當時。南朝反檢籍起義領袖唐寓之，「父祖相傳圖墓為業」。《舊唐書．呂才傳》載，隋朝蕭吉曾作《葬經》六卷，到唐初竟發展為 120 家，足見當時相墓風氣之盛。

四、祠堂、碑碣、石雕群

祠堂

祠堂又稱享堂，是用來祭祀死者的。在墳墓處建祠堂開始於西漢。司馬光《文潞公家廟碑》講，秦「尊君卑臣，於是，天子之外無敢營宗廟者，漢世公卿貴人多建祠堂於墓所」。《史記．外戚世家》載，漢文帝生母薄太后之父葬在會稽，「會稽郡置園邑三百家，長丞以下吏奉守塚、寢廟，上食祠如法」。至今猶存的東漢嘉祥武梁祠石刻，其祠堂也建在墳墓旁。南宋以後，祠堂多不建在墓地。有的在墓前建小屋，有的在墓前放一張石供桌，以備祭祀之用。

墓碑

碑是上述「懸棺」用的、木製的豐碑和楹。先秦時立在宮廟，用來測日影或拴牲口的豎石也稱碑。《說文．弟九下》曰：「碑，豎石也。」安放好棺柩後，往往把懸棺的碑楹一起埋入墓中。1986 年，陝西鳳翔秦景公大墓槨室兩壁外側發現一「木碑」，就是當初用來懸棺的。秦始皇發明刻石紀功後，原來懸棺的碑楹就不必埋到墓穴裡了，換成石碑，刻上死者的名字就成了墓碑了。東漢開始把這紀功的石碑用於墓碑。《後漢書．竇憲傳》載，東漢竇憲出擊匈奴，命班固作銘，勒石燕然山紀功，其中有「封神丘兮建隆嵑（碣）」的詞句。李賢注曰：「方者謂之碑，員（圓）者謂之碣。」《後漢書．循吏傳》載，桂陽太守許荊死後，「桂陽人為立廟樹碑」。

東漢著名的墓碑是上述「節日風俗」提到的曹娥碑，碑文為邯鄲淳所作。《後漢書．列女．曹娥傳》李賢注引《會稽典錄》載，上虞長度尚讓魏朗作碑文，文成未出。度尚的弟子邯鄲淳操筆立成，無所點改。魏朗自愧不如，遂毀掉自己的文稿。文士蔡邕路過曹娥碑，又題「黃絹幼婦，外孫齏臼」八字。《世說新語．捷悟》載，曹操路過此碑，不明其意，楊修卻心領神會。待走出 30 里路，曹操方才領悟。楊修遂解釋說：「黃絹，色絲也，於字為絕；幼婦，少女也，於字為妙；外孫，女子也，於字為好；齏臼，受辛也，於字為辤（今辭）。所謂『絕妙好辭』也。」曹操感嘆曰：「我才不及卿，乃覺三十里。」其實，上虞縣（今上虞市）曹娥碑在浙江會稽東，曹操、楊修根本沒到過上虞縣。《三國演義》第七十一回，改為曹操征漢中，過潼關，在董祀、蔡文姬家裡見到曹娥碑的圖文，就符合歷史事實了。

西晉杜預功名蓋世，好為後世名聲，常擔心《左傳·昭公三十二年》引《詩經》「高岸為谷，深谷為陵」的變化成為現實，刻了兩座碑，一座沉萬山之下，一座立峴山頂上，無論地層怎麼變動，總有一座碑在世上記載他的功業。[082]

魏晉以後，墓碑大行。碑文要請文辭出眾者起草，碑銘要請工於書法者書寫。東晉孫綽文辭出眾，王導、郗鑑、庾亮、桓溫等名臣，「必須綽為碑文，然後刊石焉」[083]。北朝的碑文，大多是書法藝術的珍品，稱作「魏碑」。所以，墓碑還是中國書法藝術的載體。

唐宋更加重視墓碑。著名書法家顏真卿、柳公權，文學家司馬光，都為人書寫、起草過碑文。唐宋還流行皇帝為大

[082] 參見《晉書·杜預傳》，北京：中華書局，1974 年版。
[083] 《晉書·孫綽傳》，北京：中華書局，1974 年版。

臣作碑。魏徵的墓碑為唐太宗親自起草並書寫，高宗為李勣作碑，玄宗為張說、德宗為段秀實、宋太祖為趙普、仁宗為李用和、神宗為韓琦作碑。南宋韓世忠的碑額「中興佐命定國元勛」，由宋孝宗親書，碑文由趙雄撰文，周必大書寫，約 13,000 餘字。在整個封建社會，墓碑都貫串著刻石紀功，揚名後世的宗旨，由此可知「樹碑立傳」的深刻含義。

墓碑一般由碑首、碑身、碑座組成。碑首也稱碑額，與碑身用同一塊石頭製作，方首曰碑，圓首曰碣，刻有螭、虎、龍、雀等圖紋，當中留平面以題字。碑座也稱「趺（ㄈㄨ）」，皇帝和高官以龜為趺。不同的等級身分，碑額的形製圖紋，碑的高度、寬度，趺的種類、碑文，都有嚴格的規定。也有的皇帝、大臣立無字碑，其原因眾說不一。唐高宗乾陵的無字碑，高 7.53 公尺，厚約 4.2 公尺，總重量約 100 噸。原則上庶人不許立碑（清代除外），但這一禁令並未執行，一般人死後墓前多樹碑，只是體小制陋，無碑額和趺座，也無大篇碑銘。

武則天乾陵無字碑　明神宗定陵門無字碑

石雕群

石雕群是墓前和神道兩旁的石人、石獸和傳說中的神獸像。石人古稱「翁仲」，石獸稱「石像生」。唐人封演《封氏聞見記》卷六說，石雕群「所以表飾故壟，如生前之儀衛耳」。

石雕群產生於西漢。漢武帝擊匈奴名將霍去病死後，墳墓築成祁連山的形狀，墓前放置了馬踏匈奴、力士抱熊、石馬、石虎等石雕像。東漢楊震死後，人們為他立石鳥像於墓所。皇陵的石雕群名目繁多，有文武大臣的石像、石獸和石神獸、石望柱、石華表等。西安唐高宗和武則天的乾陵，有石雕 120 多件。在朱雀門兩側，雕刻了 61 尊參加高宗葬禮的各地使者像，整整齊齊的一片。

唐朝到明清規定，五品以上官可以置石像。所以，中國的城鄉到處都有林立的石雕群，它和墓碑、石牌坊一起，構成了中華大地的一種奇特文化景觀。

馬踏匈奴石雕

第三節

守制

守制即守孝，指孝子謝絕人事、官職，在家遵守居喪制度。《禮記·三年問》規定，守制期間，要「倚廬，食粥，寢苫，枕塊，所以為至痛飾也」。即孝子要搭廬棚而居，喝粥、睡草墊、枕土塊，以示十分悲痛。其間，孝子要停斷正常生活，不能娶妻生子，不吃肉喝酒。《左傳·襄公十七年》載：「齊晏桓子卒，晏嬰粗衰斬，苴絰帶、杖，菅屨，食鬻，居倚廬，寢苫，枕草。」

該守制而不守制，即為不孝。《史記·孫子吳起列傳》載，戰國衛國人吳起對母發誓：「不為卿相，不復入衛！」後拜曾子為師，母喪不歸。曾子將吳起趕走，斷絕師生關係。白居易〈慈烏夜啼〉詩：「昔有吳起者，母歿喪不臨。嗟哉斯徒輩，其心不如禽。」

《漢書‧揚雄傳下》注引應劭語曰：「漢律以不為親行三年服，不得選舉。」《漢書‧陳湯傳》載，西漢陳湯，被富平侯張勃舉為茂才，「父死不奔喪」，陳湯被拘捕入獄，張勃以「選舉故不實」，削奪了 200 戶的封邑，並被謚為「繆侯」。漢代對不守制的官員處分得也很嚴厲。漢哀帝時的丞相薛宣被罷官後，又因不為後母守制，削去高陽侯的爵位。

《晉書‧何曾傳》載，西晉阮籍居喪飲酒食肉，大臣何曾指責其為「敗俗之人」，上書要將其流放四裔，「無令汙染華夏」。

《魏書‧禮志四》載：「《違制律》：居三年之喪而冒哀求仕，五歲刑。」

《唐律疏議》規定：有父母、丈夫喪，匿不舉哀者，流二千里。服喪期間，忘哀作樂，徒三年。明代顧炎武的《日知錄》記載，後唐明宗天成三年（西元 928 年），滑州（治今河南滑縣）掌書記孟升隱匿母喪，大理寺依法判為流放，而唐明宗以「孟升身被儒冠，貪榮祿匿母喪而不舉，瀆汙時風，敗傷名教，十惡難寬」，賜孟升自盡。

明英宗正統七年（西元 1442 年）下令：「凡官吏匿喪者，俱發原籍為民。」[084]

由此可見，古代無論官民，不為父母服喪，不僅要受到風俗輿論的譴責，還要受到法律的嚴厲制裁。

[084] 《中華再造善本‧明代編‧史部‧大明會典》卷一三〈資格二‧丁憂〉，北京：中華書局，2007 年版。

一、虞祭、齋七、百日、周年、忌日

（一）虞祭和卒哭

死者下葬完畢，喪主用靈車載重而歸，升堂而哭，稱作「反哭」。反哭後進行三次祭祀，稱作「虞祭」。《儀禮·既夕禮》叫做「三虞哭」。唐賈公彥疏曰：「主人孝子葬之時，送形而往，迎魂而返，恐魂神不安，故設三虞安之。」三虞有初虞、再虞、三虞。虞祭要正式為死者設立神主，用桑木製作，也稱木主，書死者官爵名諱，這時的神主稱「虞主」。

先秦時的虞祭還要迎屍入門。「屍」是代表死者受祭的活人，一般以死者的孫子充當。因鬼神聽之無聲，視之無形，「故座屍而食之，屍飽若神之飽，屍醉若神之醉」[085]。祭祀宗廟也要選屍。「屍位」、「屍位素餐」即由此而來。

虞祭結束為「卒哭」，意為停止哭泣。《禮記·雜記下》載：「士三月而葬，是月也卒哭。」從初終到卒哭接近100天。

（二）齋七和百日

佛教傳入中國後，認為人死後在死此生彼之間，要尋求生緣，以七日為一期，七日不得生緣，再續七日，至七七必生一處。因此，又產生了做七的風俗。每隔七天做一次佛

[085]《通典·禮八》引《白虎通》，北京：中華書局，1988年版。

事，請僧人設齋祭奠，七七稱作「斷七」，第一百天為「百日」，更要隆重祭奠。《魏書 · 胡國珍傳》載，胡國珍死後，北魏孝明帝下詔，「自薨至七七，皆為設千僧齋」、「百日設萬人齋」。

與秦漢以前的祭儀相比，齋七相當於三虞，百日相當於卒哭。現代農村仍然流行齋七和百日的風俗，一般是到墳頭上祭奠。

（三）周年和忌日

死者滿周年，要進行小祥之祭。以慄木重新製作神主，稱「吉主」，代替原來的虞主，後來只做一次神主。滿二周年進行大祥之祭，將神主正式遷入祖廟。大祥之祭在第 25 個月進行，之後不再哭喪，叫「祥外無哭」。《禮記 · 檀弓上》載：「魯人有朝祥而莫（暮）歌者。」守制三年實際是三年頭，25 個月。《禮記 · 三年問》載：「三年之喪，二十五月而畢。」

大祥後隔月進行禫（ㄊㄢˇ）祭。禫祭是除服之祭，表示守制完畢，恢復正常生活。《儀禮 · 士虞禮》載：「期而小祥，又期而大祥，中月而禫。」鄭玄注曰：「中，猶間也。禫，祭名也，與大祥間一月，自喪至此，凡二十七月。」鄭玄認為，三年之喪是 27 個月。從唐朝開始，三年之喪的日期確定為 27 個月。

以後，每逢死者周年稱「忌日」，都要像守制一樣祭祀。「忌日不樂」、「君子有終身之喪，忌日之謂也」。[086]

二、孝服

為了區別與死者血緣關係的親疏，服喪的時間和服飾也有嚴格的區別，這就是古代的五服制度。根據《儀禮．喪服》載，有以下五等孝服。

（一）斬衰（ㄘㄨㄟ）

斬衰是最重的孝服。子、未嫁女為父，承重孫（父為嫡長子，已死，嫡長孫為承重孫）為祖父，妻妾為夫，服斬衰三年。古代能為父母守三年喪者，稱作「終喪」、「終制」。

斬衰之服以粗劣的生麻布製作，不緝邊。以兩條麻布帶，一條束腰，一條束髮冠，稱作「苴絰（ㄐㄩ ㄉㄧㄝˊ）」。用竹製而不加修理的哭喪棒，稱作「苴杖」。穿菅草編的粗草鞋，稱作「菅屨（ㄐㄧㄢ ㄐㄩˋ）」。後世也有用麻布片披在身上代替斬衰，叫做「披麻戴孝」。上述王建詩：「漢家都護邊頭歿，舊將麻衣萬里迎。」

[086] 〈禮記．檀弓上〉、〈禮記．祭義〉，載《十三經註疏》，北京：中華書局，1980 年影印版。

（二）齊（ㄗ）衰

齊衰是第二等喪服。子、未嫁女為母，承重孫為祖母服齊衰三年。如果母先死而父在，則服齊衰一年。伯魚母先死，父親孔子還健在，為母服齊衰一年。之所以如此，《禮記·喪服四制》解釋說：「天無二日，土無二王，國無二君，家無二尊，以一治之也。故父在為母齊衰期者，見無二尊也。」唐朝改為父在也為母服齊衰三年。明清兩朝又改為，未嫁之女及嫁後復歸之女為父母一律服斬衰。

已嫁女為父，孫為祖父母，夫為妻，為叔伯父母、兄弟，出嗣之子為生父母，婦為舅姑，妾為妻，服齊衰一年。重孫為曾祖父母服齊衰三個月，唐朝改為五個月。玄孫為高祖父母服三個月。

齊衰用粗麻布製作，緝邊。為母服齊衰用「削杖」。《禮記·喪服小記》載：「苴杖，竹也；削杖，桐也。」

（三）大功

大功用於為堂兄弟、未嫁的堂姐妹，已嫁的姑、姐妹，已嫁女為伯叔父、兄弟等，服期九個月。

大功喪服以熟麻布製作。

（四）小功

小功為本宗的曾祖父母，伯叔祖父母、父親的堂兄弟及配偶、未嫁祖姑、堂姑、外祖父母、母舅、母姨、妯娌等，服期五個月。唐代以前「叔嫂無服」，唐朝時改為「服小功五月」。

小功喪服以較細的熟麻布製作。

（五）緦麻

緦麻是最輕的喪服，用於本宗的高祖父母、曾伯叔祖父母、族伯叔父母、中表兄弟、岳父母等，服期三個月。唐以前「舅服緦麻」，唐朝改為服小功。[087] 緦麻喪服以細麻布製作。

丈夫為有子的妾也服緦麻。《禮記．喪服小記》載：「士妾有子而為之緦，無子則已。」魯哀公為死去的妾服齊衰，孔子弟子有若問曰：「為妾齊衰，禮與？」魯哀公曰：「吾得已乎哉？魯人以妻我。」[088] 西晉杜預注：「妾之貴者為之緦耳。」也就是說，丈夫為地位較高的妾最多服緦麻，魯哀公竟然按妻子的規格服齊衰，只好辯解說：「我是不得已，魯國人都以為她是我的妻子。」

文天祥為改嫁的祖母服「心喪」。《禮記．檀弓上》鄭玄注曰：「心喪，戚容如父而無服也，凡此以恩義之間為

[087] 唐朝對「喪服」的改動，均見《新唐書．禮儀志七》，北京：中華書局，1975 年版。

[088] 〈禮記．檀弓下〉，載《十三經註疏》，北京：中華書局，1980 年版。

制。」、「心喪」即像對待父親一樣哀悼，但不服喪，一般對老師及有恩義者服心喪。該篇又載：「孔子之喪，門人疑所服。子貢曰：『昔者夫子之喪顏淵，若喪子而無服，喪子路亦然，請喪夫子若喪父而無服。』」於是，「弟子皆服三年。三年心喪畢，相訣而去。」[089] 西晉兗州刺史令狐愚因犯罪被朝廷處死，「舉州無敢送喪者」，馬隆「以武吏託稱家客，殯送喪葬，種柏，三年禮畢，乃還。舉州皆慚」[090]。唐朝員半千、何彥先的老師王義方死，「蒔松柏塚側，三年乃去」[091]。

五服制度相當複雜，歷朝在細節上也稍有變更，但自先秦確立一直流行到今天。它也是確定血緣關係和婚姻關係的依據。現在的「出五服」、「未出五服」，也指這一制度。一般理解為是否經歷五代以上了。《禮記 · 大傳》載：「四世而緦，服之窮也。五世袒免（ㄨㄣˋ），殺同姓也。六世親屬竭矣。」鄭玄注曰：「四世共高祖，五世高祖昆弟，六世以外親盡無屬名。」古代「四世共高祖」，是指高祖以下的曾祖、祖、父、本人 4 代。緦麻為本宗的高祖父母服喪，按照「同母者為宗」的原則，則是為高祖的兄弟及配偶服喪，即「五世高祖昆弟」。如果兩人同服緦麻，則是五服以內的

[089] 《史記 · 孔子世家》，北京：中華書局，1959 年版。
[090] 《太平御覽》卷五五四〈禮儀部三三 · 葬送二〉引王隱《晉書》，北京：中華書局，1960 年版。
[091] 《新唐書 · 王義方傳》，北京：中華書局，1975 年版。

親屬，即未出五服。出五服，則不會同為一人服喪。到兩人的高祖也不是兄弟關係了，就出五服了。即「六世親屬竭矣」，或叫「六世以外，親盡無屬名」。

漢人孝子
選自《清國京城市景風俗圖》

穿孝婦人
選自《清國京城市景風俗圖》

漢女人穿孝
選自《清國京城市景風俗圖》

穿孝衣制辦喪事
選自《清國京城市景風俗圖》

三、丁艱、丁憂和奪情

古代遭父母之喪叫「丁艱」、「丁憂」。遭父喪叫「丁父艱」，遭母喪叫「丁母憂」。

《晉書·周光傳》載：「陶侃微時，丁艱，將葬，家中忽失牛。」

《晉書·袁悅之傳》載：「始為謝玄參軍，為玄所遇，丁憂去職。」

《舊唐書·劉乃傳》載：「天寶中，舉進士，尋丁父艱，居喪以孝聞。」

《南史·蔡徵傳》載：「（徵）七歲丁母憂，居喪如成人禮。」

官員有父母親屬喪，要辭去官職，謝絕人事，在家居喪。漢武帝時丞相公孫弘、唐中宗工部侍郎張說、明武宗時內閣首輔楊廷和等，都因辭官為父母「終喪」受到社會輿論的讚揚。

有時因官員身寄國家之重，如大戰在即或者正在疆場交戰的將帥、有重要政務在身而別人又無法替代的官員，朝廷急需留任，或孝子守制未滿而急需召回朝廷任職，稱為「起復」。「起復」出仕後，素服辦公，不參加吉禮，稱作「奪情」、「奪哀」、「奪喪」。

《禮記．曾子問》載，子夏問曰：「三年之喪，卒哭，金革之事無避也者，禮與？初有司與？」孔穎達疏曰：「子夏以人遭父母三年之喪，卒哭之後，國有金戈戰伐之事，君使則行，無敢辭闢。為是，禮當然與，為當初有司強逼遣之與？」孔子曰：「夏后氏三年之喪，既殯而致事。殷人既葬而致事。《記》曰：『君子不奪人之親，亦不可奪親也。』此之謂乎？」、「吾聞諸老聃曰：『昔者魯公伯禽有為為之也。』今以三年之喪從其利者，吾弗知也。』」鄭玄注曰：「伯禽，周公子，封於魯。有徐戎作難，喪卒哭而徵之，急王事也。」這段對話的意思是，子夏問：「為父母服喪，卒哭後，國家有戰事，國君命令孝子出征，本人不能推辭、逃避。這件事是禮制規定，還是當初有關官員強迫派遣？」孔子回答：「夏朝有父母喪，既殯才能奪喪為國君致事；商朝下葬致事。君子不剝奪別人的親情，也不能被別人奪情，說的就是這個理吧？」孔子又講：「我問過老子，他說過去魯公伯禽為母親服喪，徐戎作亂，卒哭後即率軍征伐，是國家形勢緊張所迫。三年喪期間，究竟該不該奪情，我不知道。」

這段對話說明，夏商周三代，在戰爭等緊急狀態下，孝子因急於王事，在既殯、既葬、卒哭等喪服未滿的情況下，可以奪情為國君致事。後來的官員如岳飛母死、曾國藩父死，都曾起復出仕，繼續在戰場上為國效力，叫做「墨絰從戎」，也叫「金革奪喪」。

兩漢以後，「金革奪喪」擴大到「政務奪喪」，由武將推延到文臣。《後漢書 · 趙憙傳》載，東漢明帝時太尉趙憙「遭母喪，上疏乞身行喪禮，顯宗不許，遣使者為釋服」。《新唐書 · 張九齡傳》載，唐玄宗時中書侍郎張九齡「以母喪解，毀不勝哀」、「是歲，奪哀拜中書侍郎、同中書門下平章事，固辭，不許。明年，遷中書令」。二人都屬於奪情起復。

奪情的本意是國家奪去了孝親之情，是朝廷愧對官員，可這樣一來，顯得這位官員受到朝廷的器重，地位不可取代，反倒成為一種特殊的榮耀。於是，唐宋以後，官員奪情不一定是朝廷實際需要，演變為一種對大臣的恩寵，最後演變為一種多餘的政務負擔。官員們由拒絕奪情，到投機鑽營謀求奪情；由為國分憂、忠孝兩全的高尚情操，轉變為貪戀榮祿、褻瀆孝道的腐化敗德，甚至成為官場上結黨營私、互相傾軋的政治鬥爭工具。

從唐朝開始，朝廷官吏管理制度中又多了一項公務——稽核、批准起復。文官由吏部負責，武將則由樞密院負責。明朝吏部稽勳司專門設立有「起復科」，加強對官吏丁憂奪情的審查與考核，防止冒濫。明英宗正統十二年（西元

1447 年）下令：「內外大小官員丁憂者，不許保奏奪情起復。」[092]

南宋宋理宗時的史嵩之奪情、明朝明神宗時的張居正的奪情風波，朝野震動。圍繞著這兩場風波，官場權力傾軋與派系政爭也波瀾迭起。尤其是張居正的奪情起復，不僅使他人品大受貶議，被稱為「蔑倫起復」，也讓世人看清，丁憂奪情已是朝廷擺脫不掉的政治贅瘤。

[092] 《欽定續通典》卷八七〈丁憂終制議〉，臺北文淵閣四庫全書本，上海：上海古籍出版社，1987 年影印版。

第四節
掃墓和祭祖

對父母祖先的祭祀，並不隨著埋葬和守制的完成而結束，除忌日之外，遇重大節日還要舉行祭祀。道光二十年(西元1840年)《濟南府志》載：「無廟者設主於堂而薦之。寒食、中元、冬朔及忌日祭於墓。」古人對父母祖先「雖乞丐無不祭者」、「雖販夫販婦亦知負楮鏹（紙錢串）而往」[093]，敬祖先、事宗廟、上墳拜土，既是死者的期望，也是活著的人責無旁貸的義務。

一、掃墓

掃墓俗稱「上墳」，是緬懷、祭祀先人的主要活動之一。

[093] 丁世良、趙放主編：《中國地方志民俗資料彙編》華東卷上引《崇禎歷乘》，北京：書目文獻出版社，1995年版，第93頁。

《後漢書 · 明帝紀》注引《漢官儀》日：「古不墓祭，秦始皇起寢於墓側，漢因而不改，諸陵皆以晦、望、二十四氣、三伏、社、臘及四時上飯。」社有春社、秋社，指立春、立秋後的第五個戊日；臘為冬至後第三個戌日，後定為臘月初八。這是秦漢皇帝供奉皇陵的禮制。

東漢王充《論衡 · 四諱》日：「古禮廟祭，今俗墓祀」，這是民間祭墓的記載。

儘管許多典籍都講「古不墓祭」，但祭墓之俗在先秦已有，可能與丘墳同時出現。《周禮 · 春官 · 塚人》有「祭墓」二字。《禮記 · 檀弓下》有「有司以幾筵舍奠於墓左」的記載。《孟子 · 離婁下》載，有個齊國人每天都在外面吃得酒足飯飽，回家欺騙妻妾說是與富貴人一起吃喝。妻妾跟蹤檢視，原來是到東門外墳地上向祭墓者乞討剩下來的酒肉。說明戰國時墓祭已成為普遍的風俗，以至於天天都有祭墓者，足以供這個齊人酒足飯飽。

西漢，掃墓已成為子女必盡的義務了。《漢書 · 嚴延年傳》載，嚴延年不遠千里，從京師「還歸東海掃墓地」。朱買臣之妻與後夫一起祭墓。東漢末，公孫瓚祭墓與先人告別。[094]

南北朝時，在職官員常請假回鄉掃墓。《魏書 · 高陽王

[094] 《三國志 · 魏書 · 公孫瓚傳》，北京：中華書局，1959 年版。

傳》載：「任事之官，吉凶請假，定省掃拜，動輒歷十旬。」唐玄宗開元二十年（西元 732 年），正式下詔：「寒食上墓，宜編入五禮，永為恆式。」[095] 從此，國家以禮法的形式，將掃墓的時間定為寒食節，並很快流行成俗。唐代詩人王建〈寒食行〉講：「牧兒驅牛下塚頭，畏有家人來灑掃。」可知，從唐朝開始，已是家家清明掃墓了。

清人繪〈圓墳圖〉
選自 19 世紀外銷畫《街頭各行業人物》

清人繪〈起骨圖〉
選自 19 世紀外銷畫《街頭各行業人物》

[095] 《舊唐書 · 玄宗紀》，北京：中華書局，1975 年版。

掃墓除祭祀死者，讓後代了解祖墳，培養他們的祖先崇拜意識外，還有「上墳」之意。為了防止丘墳被雨水沖壞，讓其保持一定的高度，掃墓時要修整丘墳，培上新土，民間叫「上墳拜土」。《東京夢華錄》卷七〈清明節〉載：「凡新墳皆用此日（清明日）掃拜，都城人出郊，禁中前半月發宮人車馬朝陵。」在古代，沒人拜掃的孤墓是很淒涼的。上引王建詩有「但看壟上無新土，此中白骨應無主」的詩句。明人瞿佑在〈古塚行〉中描述說：

孤墳三尺掩黃沙，多年白骨久無家。
妖狐穿穴狡兔伏，樹死枝枯啼老鴉。
斷碑僕地土花碧，當日爭揮諛墓筆。
文字摧殘讀不成，牧兒占作攤錢石。

《括異志》載，嘉興西南有歌妓蘇小小[096]墓，徐凝在《嘉興寒食》中寫道：

嘉興郭裡逢寒食，落日家家拜掃回。
唯有縣前蘇小小，無人送與紙錢灰。

[096] 據明人郎瑛《七修類稿》卷二七考證，歷史上的蘇小小有二人，一為南朝齊人，一為宋人，皆錢塘名妓。

清明掃墓的風俗，一直流傳到今天。一般由家長組織兒女，一起為祖先掃墓。由機關學校組織祭掃革命烈士陵園，敬獻花圈，緬懷先烈的業績，告慰他們的英靈。

二、祭祖

（一）昭穆、毀廟、祫（ㄒㄧㄚˊ）祭、神像

古代祭祖在宗廟進行，天子的宗廟稱作太廟。南宋出現宗族祠堂，一般庶民在祠堂祭祖。

先秦的宗廟有嚴格的規定。《禮記·王制》載：「天子七廟，三昭三穆，與太祖之廟而七；諸侯五廟，二昭二穆，與太祖之廟而五；大夫三廟，一昭一穆，與太祖之廟而三；士一廟，庶人祭於寢。」所謂太祖，指始封之君。如周公、姜太公、康叔、唐叔分別是魯、齊、衛、晉的始封之君。昭穆是西周的宗法制度，簡單說是各代遞為昭穆，父為昭，子為穆，孫又為昭，曾孫又為穆。宗廟的排列順序是，太祖居中，左昭右穆。周代庶人沒有宗廟，在家中正堂上祭祖。

隨著世系的延續，七廟、五廟不夠用了，對一些「親盡」之廟，有「毀廟」制度。三年之喪完畢，因先考（父生為父，死為考，入廟稱禰）的神主遷入宗廟，多出了一廟。這時，將列祖列宗的神主都請出來，進行總祭，叫做「祫

祭」。然後把不在廟數的神主（太祖除外）移入「祧（ㄊㄧㄠ）廟」內，藏在祏（ㄕˊ，石函）或專設的房間內，留下最親近的先祖。祫祭每五年舉行一次。

祖先牌位
清人繪
一般要掛在祠堂或者家裡

東漢時，昭穆之廟變為同堂異室，即在宗廟內分若干室加以祭祀。受佛教影響，東漢後又出現畫像。西晉陸雲任浚儀令，去職後，鄉民圖畫形象，配食縣社。南朝宋前廢帝劉子業「令太廟別畫祖考之像」[097]，這種畫像稱作「御容」。北宋的太廟正式陳列先皇、帝後的御容，一併祭祀，功臣亦畫像祔祭。金朝太廟又設立像、座像、戎裝像。後來演變成像在後，神主在前下方的形式。

大夫、士、庶人的廟制也在不斷變通。秦漢公卿不敢營宗廟，只好建於墓所。魏晉門閥制度強調族望和族譜，強化了人們的宗族、家族意識。其最積極的意義在於衝擊了以皇族為至尊的宗法制度，把族姓閥閱提高到與皇族分庭抗禮的高度。到唐代，以清河崔氏為首的士族並不把皇族李氏放在眼裡。到北宋便把祠堂移至村鎮，供奉高、曾、祖、考四代神主。宗族祠堂則供奉始祖以來的列祖列宗，召開宗族成員大會也在祠堂進行。

（二）五祀、配饗、太牢、少牢

《禮記·王制》載：「天子諸侯宗廟之祭，春曰礿（ㄩㄝˋ），夏曰禘（ㄉㄧˋ），秋曰嘗，冬曰烝。」鄭玄注曰：「此蓋夏殷之祭名，周則改之，春曰祠，夏曰礿。」秋嘗、冬

[097] 《資治通鑑·宋紀·明帝泰始元年》，北京：北京古籍出版社，1956 年版。

烝相同。祭祀在孟月進行，加上臘祭共為五祀。此外有按時令奉享新鮮果蔬的「薦新」之祭。

古代帝王還將自己的祖先與天一起祭祀，叫做「配天」。《孝經·聖治章》載孔子語曰：「孝莫大於嚴父，嚴父莫大於配天，則周公其人也。」《漢書·郊祀志》載，周公「郊祀後稷以配天，宗祀文王於明堂以配上帝。」這種祭法叫「配饗（享）」、「配食」、「祔祭」。帝王祭祀祖先，還以功臣配享。三國魏齊王曹芳稱帝後，祭曹真、夏侯尚、張遼等20人於太祖（曹操）廟庭，裴松之注曰：「魏氏配享，不及荀彧。」[098] 清代太廟的兩廡，東側為諸王，西側為功臣，也是配享。根據這一禮制，縣社出現後，有惠政的地方官則配食縣社，上述西晉陸雲就配食縣社。

祭祀用的犧牲也有嚴格的規定。牛、羊、豕三牲稱太牢；沒有牛，只有羊、豕稱少牢。《公羊傳·桓公八年》載：「冬曰烝。」何休注云：「禮，天子、諸侯、卿大夫，牛羊豕凡三牲，曰太牢。天子元士、諸侯之卿大夫，羊、豕凡二牲，曰少牢。」據此可知，天子、諸侯、卿大夫祭祖用太牢，士和諸侯之下的卿大夫用少牢。

祭祀是古代政治權力的象徵，受到統治者的高度重視。

[098] 《三國志·魏書·齊王芳傳》，北京：中華書局，1959年版。

《左傳·成公十三年》載：「國之大事，在祀與戎。」《左傳·文公二年》載：「祀，國之大事也。」這裡講的祭祀，包括天地、山川、社稷，主要是指宗廟。所以，古代王朝滅亡稱作「宗廟墮」。「君子將營宮室，宗廟為先」[099]，由此可知對宗廟的重視程度。

三、焚黃

古典戲劇中經常看到，科舉登第者歸家掃墓祭祖，也叫「焚黃」。明人馮夢龍《醒世恆言》第二十五卷〈獨孤生歸途鬧夢〉寫道，唐朝獨孤遐叔科舉得中狀元，衣錦還鄉，「回到家中，焚黃謁墓，殺豬宰羊，做慶喜筵席」。乾隆四十一年（西元 1776 年）《淄川縣志》載：「士宦焚黃有祭，登科第有祭，赴任有祭。」凡登科、仕宦、赴任等品官新受朝廷恩典，都要祭告家廟祖墓，告文用黃紙書寫，祭畢即焚化，謂之「焚黃」。北宋王禹偁〈送密直溫學士西京遷葬〉詩：「留守開筵親舉白，故人垂淚看焚黃。」清人趙翼〈王述庵道經毘陵停舟話舊〉云：「焚黃詔特榮先壟，飛白書應起賜樓。」民國十四年《無棣縣志》載：「凡鄉會登科、入泮及除職赴任，榮歸貤（ㄧˊ）封，展墓焚黃，皆

[099] 〈禮記·曲禮下〉，載《十三經註疏》，北京：中華書局，1980 年影印版。

有特祭。」古代科舉得中、仕宦赴任、歸家祭祀，是最光宗耀祖的事情。

四、神不歆非類與無後為大

先祖接受子孫的祭祀叫做「血食」、「歆享」。《左傳・僖公十年》稱：「神不歆非類，民不祀非族。」《史記・晉世家》載：「神不食非其宗。」也就是說，祭祀必須是自己的真正骨血，否則祖先不歆享。春秋衛成公夢見康叔（周武王之弟，衛國始封君）說，夏王相（大禹重孫）奪我祭祀。衛成公命人祭祀相，以免自己始祖的祭品被搶。甯武子反對說，神不歆非族。相是夏族，搶康叔的祭品，是他的後代杞國、鄫（ㄘㄥˊ）國沒好好祭祀，不是我們的罪過，我們不能祭祀他。[100]

孟子講，「不孝有三，無後為大」[101]，也是從祭祀考慮的。東漢趙岐註釋說：「阿意曲從，陷親不義，一不孝也；家貧親老，不為祿仕，二不孝也；不娶無子，絕先祖祀，三不孝也。三者之中，無後為大。」

連繫上述掃墓風俗，沒有人祭祀和上墳拜土，斷了香火，使祖先成為搶奪別人祭品的強神餓鬼，不僅是後代不孝，還讓古人不寒而慄。

[100] 參見〈左傳・僖公三十一年〉，載《十三經註疏》，北京：中華書局，1980年影印版。

[101] 〈孟子・離婁上〉，載《諸子整合》，上海：上海書店，1986年影印版。

第五節
喪葬與中國人的傳統觀念

喪葬風俗來自中國古代的宗法家族觀念、孝文化意識和靈魂不滅的觀念，反映著中國人的種種文化心態。

一、貴生惡死與中國人對死的忌諱

重今生，輕來世，是中國傳統文化的鮮明特徵。中國人蔑視喪失氣節和人格的貪生怕死，但從不放棄對生命的執著追求。「人生如白駒過隙」，一直是困惑人們的最大遺憾。這種貴生惡死的心態，直接滲透到中國的喪葬風俗之中。

從宗教觀念上看，佛教認為人死即脫離苦海，基督教認為人死擺脫原罪，中國雖然也有對靈魂的種種說法，但都是淡漠的，基調是「死去元知萬事空」，人一死，就意味著主動地位完全喪失，只能依賴活著的人，尤其是子孫來供奉。

中國人往往活著就修墳墓、做棺材和壽衣，但絕不是急著想死，而是趁著還沒死把該辦的事辦好。

在語言、行為習慣上，把死看成是很喪氣、很討厭的事。中國人好忌諱，喜好用吉祥、潔淨的詞語來掩飾凶險、汙穢的事物。其中，在「死」上用得最多，在一般情況下不說「死」。《禮記‧曲禮下》載：「天子死曰崩，諸侯曰薨，大夫曰卒，士曰不祿，庶人曰死。」後來的皇帝、太后死，仍沿襲這一習慣，叫做駕崩、山陵崩、千秋萬歲後。一般人死叫物故、不諱、仙逝、就木、歿，孩童死叫夭折、殤。現在稱為國捐軀叫犧牲、殉國、就義、獻身，稱「死」為去世、逝世。喪事為後事，棺材為壽材，衣服為壽衣，停屍房叫太平間。行為上也要忌諱，為父母服孝者在節日間一般不出門，怕被別人嫌棄。甚至人躺著的姿勢也不能像屍體那樣四肢伸直，仰面朝天，《論語‧鄉黨》中，孔子叫做「寢不屍」。

因此，在我們這樣一個貴生諱死的國度，更能顯示出氣節和視死如歸的崇高、偉大。

二、厚葬久祀與祖先崇拜意識

從上述喪葬風俗可以看到，中國人為使祖先入土為安所做出的物質、精神投入實在是太多了。它與古代孝文化意識、家族意識一起，培養了中國人濃厚的祖先崇拜意識。

從喪葬文化傳統上看，厚葬、久祀是中國喪葬祭祀的特點。中國人祭祖恨不得上溯幾代，甚至是幾十代。佛教認為，人死後很快轉世輪迴，用不著厚葬久祀。但這種違背宗法倫理的教義只能做傳統文化的俘虜，不得不放棄原則，為中國的喪葬、祭祖活動設齋、誦經、做佛事。

在中國，祖先、祖墳是子孫後代的保護神。春秋魯莊公將和齊國交戰，認為只要虔誠地祭祀祖先，祖先就能保佑他打勝仗。[102] 民間常講「祖上有德」、「祖墳上燒高香了」，都是這一觀念的反映。凡事希望「祖宗保佑」，成為人們習慣的思維方式。

古人還喜好炫耀祖先來提高自己的身價，有的甚至亂認祖宗。十六國匈奴貴族劉淵冒姓劉氏，李唐皇族認老子李耳為祖先。後晉石敬瑭以春秋衛國大夫石碏（ㄑㄩㄝˋ）為祖先，其實，他是沙陀族，連漢人都不是。古人以「繼祖」、「繼宗」、「光宗」、「耀先」為名字者相當普遍。中國人對祖先、家族有著強烈的歸屬感，脫離祖先族姓的人只要知道真相，想方設法也要認祖歸宗。這種歸屬感使中國人收養別人的兒子特別困難，一般要隱瞞真相，而且時刻擔心露餡。

對祖先的崇拜，使中國人把祖先、祖墳看得十分重要，

[102] 參見〈左傳·莊公十年〉，載《十三經註疏》，北京：中華書局，1980 年影印版。

辱罵祖宗、挖祖墳都是缺德和大逆不道的。司馬遷《史記·貨殖列傳》講：「掘塚，奸事也。」古代金石學家明知道陵墓中藏有大量金石器物，但想都不敢想把它挖出來，哪怕是沒有子孫後代的絕戶墳。一個大學者去挖人家的祖墳，是很丟人的。它使中國古代的金石學，遲遲不向田野考古發掘的方向發展。

中國人的祖先崇拜意識，過分重視祖先的祭祀和家族的昌盛、延續，造成了中國人口的盲目增長，居高不下；它把祖訓、祖制、祖宗之法看成是不可變更的律條，培養了循規蹈矩的保守觀念，窒息了人們的改制、創新和開拓意識。然而，祖先崇拜意識也加強了炎黃子孫、中華兒女對遠古始祖的認同和歸屬感，又成為國家、民族凝聚力和愛國思想的泉源，尤其在民族危亡的緊要關頭，更能顯示出祖先崇拜意識的偉大力量。

另外，中國人常講「上對得起祖宗」，講光宗耀祖，這些觀念也激勵著人們不斷加強道德的自律和事業的進取，為國家，為民族而立事、立功，甚至是從容犧牲。

三、送終祭祀與對子女的投入

養老送終，上墳拜土，祭祀祖先，是古代生兒育女的價值所在。沒有子孫後代，不僅上述一切喪葬儀式都要落空，還會成為餓鬼，成為無主絕戶墳，出現狐兔穿穴、斷碑僕地、樹死枝枯，淒涼不堪的景象。因此，中國人是無論如何也不敢沒有子孫的。由此可以理解，世俗社會罵人「絕戶」、「斷子絕孫」，是何等的尖酸刻薄，它觸犯了中國人的最大忌諱。

從古代開始，人們就特別重視對子女的投入。《禮記·曲禮上》講：「君子抱孫不抱子。」之所以抱孫，與現在的「隔代親」不同，是因為孫能充當虞祭自己的「尸」，還是為了祭祀。

實際上，一句「無後為大」就已包含了對子女不可估量的精神和物質投入。為了後代，古人可謂用心良苦，思慮精深。

春秋楚相孫叔敖善待優孟，臨終囑咐兒子說：「我死，汝必貧困，若往見優孟，言我孫叔敖之子也。」後來，優孟扮作孫叔敖復生，楚莊王任他為相。優孟拒絕說，孫叔敖為楚相，「盡忠為廉以治楚，楚王得以霸。今死，其子無立錐之地，貧困負薪以自飲食。必如孫叔敖，不如自殺」[103]。於是，楚莊王封孫叔敖子四百戶封地。

西漢於定國之父講：「我治獄多陰德，未嘗有所冤，子

[103]　《史記·滑稽列傳》，北京：中華書局，1959 年版。

孫必有興者。」[104] 東漢楊震、南朝徐勉不營私產，追求的是「遺子孫以清白」[105]。

孫叔敖、楊震等人雖清正廉明，但他們為子孫留下的是豐厚的無形資產，與把某種知識、技藝等家世相傳，不傳外姓，有異曲同工之妙。

更多的人則是為子孫留下基業財產，這是前輩責無旁貸的義務。西漢「遺子黃金滿籯」[106] 的諺語，就說明了這一點。西漢蕭何，「買田宅必居窮處，為家不治垣屋。曰：『後世賢，師吾儉；不賢，毋為勢家所奪』」[107]，也反映了為後人留下家業財產的觀念。

古人還十分重視對子女的教育。《韓詩外傳》卷七第二十七章載：「夫為人父者，必懷仁慈之愛，以蓄養其子。撫循飲食以全其身。及其有識也，必嚴居正言以先導之。及其束髮也，授明師以成其技。」《三字經》講：「子不教，父之過。」許多家庭都立有家教、家訓、家法，以訓導和規範後世子孫。孟母胎教、擇鄰、斷織的故事，傳為教子的千古佳話，引起天下父母的強烈共鳴。

如果再連繫生老風俗中從誕生到成人的各種禮儀，可以

[104] 《漢書・於定國傳》，北京：中華書局，1962 年版。
[105] 《後漢書・楊震列傳》、《梁書・徐勉傳》，北京：中華書局，1965 年版。
[106] 《漢書・韋賢傳》，北京：中華書局，1962 年版。
[107] 《漢書・蕭何傳》，北京：中華書局，1962 年版。

看出中國的父母對子女有不盡的投入和責任。中國人不能沒有子孫，中國人對子孫所做出的不盡投入和高度的責任感，反映了中國傳統文化的一個鮮明特徵：重子孫，輕自身。中國的子女雖然感激、回報父母的養育之恩，但也由此養成了一種惰性的是非判斷，如果父母沒盡到責任，則愧為人父母，成為子女拒認或者怨恨父母的理由。

在現代社會，由於獨生子女的出現和家庭結構的簡化，使父母對子女的物力、精力投入出現兩種病態現象。一是父母甘做兒女的人梯。自己的事業剛剛起步，一旦成家生子，就把子女作為自己追求人生幸福與人生價值的替代物，而忽視了自身價值的充分實現。另一種現象則是，子女對父母的惰性依賴，推遲了後代社會化的年齡。有的子女到十七八歲不僅經濟上依賴父母，甚至在飲食起居上不能完全自理。這種對子女的責任感和天下父母之心固然可敬，但也可悲，而且不明智。孩子能否及早脫離家庭，能否獨立適應社會化的現代生活，也是判斷對子女教育成功與否的重要標誌。

儒學風俗

雅文化的儒學是一種自覺的、表現為典籍形態的思想體系，為歷代高知識層次的經學大師所掌握，儒學經典是封建時代學校的主要教材，科舉考試的主要內容。然而，它所倡導的禮教、禮制和為人處世之道又滲透到衣食住行、歲時節慶、婚喪生老、世俗信仰等風俗領域的各方面，成為古代社會風俗的準則。所以，儒學本身是雅文化，而普通民眾對它的崇信、接受和傳承，又是俗文化。一句「子曰」，就能看出它在社會風俗中的地位。

第一節
儒學的流程

一、永恆的孔子、孔府與非宗教的儒學

儒學是中國傳統文化的主幹和核心。自漢武帝確立儒學獨尊的地位後，儘管儒學曾受到玄學、佛教、道教的衝擊，其正統地位始終沒有改變。2,000 年來，儒學不斷融會各家學說，更化、完善、發展自己，從而保證了自己統治地位的長期穩固。其創始人孔子也憑藉著儒學不斷抬高了自己的身價。歷代統治者層累地給孔子加上了種種桂冠：

孔子像
元代佚名繪

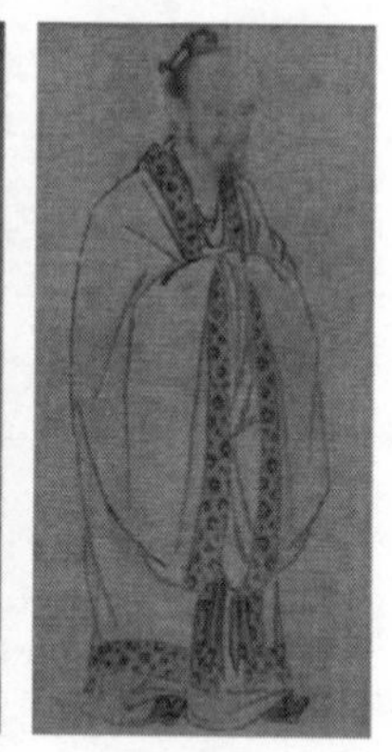
南宋馬遠繪
《孔子像圖》

漢平帝封孔子為褒成宣尼公

隋文帝→先師尼父

唐玄宗→文宣王

宋真宗→至聖文宣王

元武宗→大成至聖文宣王

明世宗→至聖先師

清世祖→大成至聖文宣先師

這樣，孔子的頭銜越封越大，以至於成了「德配天地，道冠古今」的最高偶像。在民眾階層，孔子也始終是人們崇信的「聖人」，官私學校頂禮膜拜的先師。2,000多年來的中國社會，「子曰」成為判定一切的標準，否則便是非聖無法。

孔子死後第二年（西元前478年），弟子們將其生前「故所居堂」立為廟，內藏孔子「衣、冠、琴、車、書，至於漢二百餘年不絕」[108]，這是歷史上第一座孔廟。貞觀四年（西元630年），唐太宗命令除在京師國子監修建「周公、孔子廟各一所」外，又在「州、縣皆立孔子廟」。隨之，與郡縣學、書院合一的文廟也在全國各地誕生了。十七世紀以來，中國周邊的越南、朝鮮、日本等國家和地區也興建了孔廟。隨著孔子思想的對外傳播和華人的外移，歐洲、美洲和亞洲的其他國家也相繼興建。全盛時期，世界上共有孔廟3,000多座。

---

[108] 《史記·孔子世家》，北京：中華書局，1959年版。

漢高祖十二年（西元前 195 年），經過魯國，「以太牢祠孔子」，這是帝王祭孔的開始。漢明帝永平二年（西元 59 年），「郡、縣、道行鄉飲酒於學校，皆祀聖師周公、孔子」[109]。《禮記 · 文王世子》稱：「凡學，春官釋奠於其先師，秋冬亦如之。凡始立學者，必釋奠於先聖、先師。」孔穎達疏曰：「先聖周公，若孔子者，以周公、孔子皆為先聖，近周公處祭周公，近孔子處祭孔子。」從此，「釋奠」逐漸成為太學和郡縣學祭祀孔子的專用名詞。

孔門弟子和歷代的經學家也藉助孔子分享人間香火。東漢永平十五年（西元 72 年），漢明帝赴曲阜，祭祀孔子及七十二弟子，首開以孔門弟子配享的先例。從三國到元朝，復聖顏回、宗聖曾參、亞聖孟軻、述聖子思相繼進入孔廟配享，稱作「四配」。唐太宗貞觀二十一年（西元 647 年），詔左丘明、卜子夏、公羊高、穀梁赤、伏勝、高堂生、戴聖、毛萇、孔安國、劉向、鄭眾、賈逵、杜子春、馬融、盧植、鄭康成、服虔、何休、王肅、王弼、杜預、范甯 22 位經學大師，與顏淵俱配享孔子廟堂。唐玄宗開元八年（西元 720 年），詔閔子騫、冉伯牛、仲弓、宰我、子貢、冉有、子路、子游、子夏、子張「十哲」為坐像配享孔子之旁，繪 70 子及 22 賢畫像於孔子廟壁。明清民國時期，各地孔廟中，四配、十哲、二十二賢、七十二弟子等，從祀的先賢、先儒近百人。

[109] 《後漢書 · 禮儀上》，北京：中華書局，1965 年版。

唐代閻立本繪〈孔子弟子像圖卷〉

從 1980 年代中期，在孔子故里曲阜孔廟恢復了祭孔活動。1989 年，又建立曲阜國際孔子文化節，祭孔的規格逐步更新。祭孔大典也由民間祭祀轉為政府公祭，由清代模式轉為明代模式。2005 年 9 月 28 日，由聯合國教科文組織、國際儒聯、中華民族文化促進會山東省政府等聯合舉辦的「2005 年全球聯合祭孔」活動在全世界的孔廟同時展開，創歷年祭孔活動之最。據說，大型公祭後的傳統祭祀是嚴格照搬明代原汁原味的祭祀程式。世界各地參加祭孔大典的有：北京孔廟、浙江衢州孔廟、南京夫子廟、天津文廟、福州文廟、泉州文廟、廣東德慶文廟、四川德陽文廟、香港孔教學院、臺北孔廟、韓國首爾成均館孔廟、日本足利孔廟、德國科隆孔廟、美國舊金山市齊魯會館等，真可謂「千年禮樂歸東魯，萬國衣冠拜素王」了。

生活在曲阜的孔子後裔們，也享受著祖上的「陰德」，不斷加官晉爵。漢平帝在追諡孔子的同時，封孔子後裔孔均為褒成侯。魏晉南北朝時，孔子後裔稱宗聖、奉聖、崇聖、恭聖等，均為侯爵。北周及隋，又封為鄒國公。唐玄宗追諡孔子的同時，又封其後裔為文宣公。宋仁宗至和二年（西元1055年），封孔子46代孫孔宗願為衍聖公，元、明、清相沿不改。1920年，民國大總統徐世昌下令，出生剛過100天的孔子77代孫孔德成承襲衍聖公爵位，成為民國政府的特任官。1935年，南京國民政府任命孔德成為「大成至聖先師奉祀官」，在南京宣誓就職時，蔣介石親臨。2008年10月28日，孔德成在臺灣逝世。長子孔維益早逝，由長孫、孔子79代嫡孫孔垂長繼承為奉祀官。這樣，孔府成為中國絕無僅有的，不受改朝換代限制，歷時近2,000年之久的公侯府第。

自南北朝開始，人們把儒學視為宗教，與佛教、道教相提並論。周武帝建德二年（西元573年），集群臣、沙門、道士，「辨釋三教先後，以儒教為先，道教為次，佛教為後」[110]。此後，儒、佛、道三教並立，似乎被大多數人所認同。清末，康有為著《孔子改制考》，提出了「孔子創教」的說法，故儒學又被稱為儒教、孔教。其實，儒學不是嚴格意義上的宗教，而是一種統治思想。

[110] 《周書 · 武帝紀》，北京：中華書局，1971年版。

從內容上看，它講的是統治者如何統治天下，下層人民如何自覺地接受統治，而不是對神靈或人生彼岸的皈依。從形式上看，它沒有一般宗教的外在組織形式。

首先，儒家從沒把一個超越的神作為最高信仰，即使信仰非人格的天命，孔子還經常避而不談。儒學的代表人物孔子、孟子、董仲舒、朱熹等人也沒有被神化為大家供奉的人格神。儘管中國有大規模的祭孔活動，人們只是像祭祖一樣，來表示緬懷、崇敬，接受他的教誨，並不祈求他的保佑。人們把他看成是至聖的先師，而不是萬能的上帝。

其次，儒學沒有最高權威來頒布、維持教規，也沒有必須遵守的宗教戒律，更沒有宗教組織和祈禱活動。

然而，由於儒學在政治思想上的絕對統治地位，客觀上確實造成了宗教的規範作用，人們幾乎是以對待宗教的態度來對待孔子和儒學的。

二、孔孟的儒學及其思想類型

儒學一開始就與俗文化緊密相連。西周時，為人相禮的術士叫儒。《說文八上．人部》載：「儒，柔也，術士之稱，從人需聲。」孔子自幼家貧，青年時以儒為業。他曾參加齊景公和魯定公的夾谷之會，仍幹相禮的老行業。可見孔子熟悉養生送死的各種禮儀，更熟悉周禮，他的儒學具有鮮明的隆禮特徵是很正常的。

在五霸迭興、禮崩樂壞的春秋時期，孔子表現了強烈的憂患意識和歷史責任感，為了實現恢復周禮的政治目標，他創立了儒家的一系列學說，其內容主要有：

（一）闡發了帶有政治倫理特色的君臣父子之道

孔子的高明之處，就是把社會政治收縮為家庭人倫，再由家庭人倫發散到社會政治，從而把外在的等級制度內化為每個人必須具備的倫理道德意識和自覺要求。

孔子極力突出建立在氏族血緣基礎上的君臣父子之道和人際倫理，把「仁」作為政治人倫的基本道德因素，以「孝悌」為仁的基礎，「親親尊尊」為仁的標準，維護當時的宗法等級制度。

《論語·學而》講：「其為人也孝悌，而好犯上者鮮也。不好犯上而好作亂者，天下未之有也。君子務本，本立而道生。孝悌也者，其為人之本歟！」、「弟子入則孝，出則弟（悌）。」

元代佚名繪〈松下儒講圖〉

在孔子、孟子之時，嚴格的忠君意識還沒有形成，他們強調的君臣關係主要有三：一是稱讚、歌頌聖君，「仲尼祖述堯舜，憲章文武」[111]，「孟子道性善，言必稱堯舜」[112]；二是正君臣名分。《論語 · 子路》載孔子語曰：「必也正名乎！……名不正則言不順，言不順則事不成，事不成則禮樂不興，禮樂不興則刑罰不中，刑罰不中則民無所措手足。」《論語 · 顏淵》載，齊景公問政於孔子，孔子對曰：「君君、臣臣、父父、子子。」三是強調君臣雙方必須遵守的倫理道德義務。受春秋戰國工商業等價交換意識的影響，這種道德義務帶有鮮明的互利、互惠、等價交換的特色。《論語 · 八佾》講：「君使臣以禮，臣事君以忠。」《孟子 · 滕文公上》載：「父子有親，君臣有義，夫婦有別，長幼有序，朋友有信。」《孟子 · 離婁下》講：「君之視臣如手足，則臣視君如腹心；君之視臣如犬馬，則臣視君如國人；君之視臣如土芥，則臣視君如寇仇。」

儒家這種帶有政治倫理特色的君臣父子論，對後來中國家國同構的社會政治產生了深遠的影響。在中國古代，「家國同構」是孝道政治化最鮮明的表現。外國有政教合一的國家，中國是政治和家庭倫理合一。「家」始終是中國傳統社

[111] 〈禮記 · 中庸〉，載《十三經註疏》，北京：中華書局，1980 年影印版。
[112] 〈孟子 · 滕文公上〉，載《諸子整合》，上海：上海書店，1986 年影印版。

會的核心組織，「國」也不過是「家」的放大，叫做「天下一家」。「父為家君，君為國父」，君長「以孝治天下」[113]，家長「以孝齊家」。國家由皇帝這個大家長以及各級「父母官」來實行「父權制」管理。政治上統治與被統治的關係也是家庭血緣倫理關係。「國」和「家」、「君臣」和「父子」、「忠」和「孝」是統一的。宗法上的孝，就是政治上的忠。為政者是「愛民如子」的「父母官」、「親民官」，是照顧一個地方秩序和福利的「家主人」。老百姓是他們的子民、赤子。接受君父、「父母官」的統治也是恪盡孝道。

（二）提出了社會、人際、自然和諧的思想

《左傳．襄公十一年》載：「八年之中，九合諸侯，如樂之和，無所不諧。」孔孟在論述宇宙存在、社會政治和人際關係時，無不把「和諧」當作嚮往的最高的理想，這些理想主要包括人與自然的和諧、人際間的和諧、社會的和諧。

在人與自然的關係上，主張天人合一，強調人類應當了解、尊重、保護自然，而不能破壞自然，一味地向自然界索取。《周易．乾卦》講：「與天地合其德，與日月合其明，與四時合其序。」儒家對天人合一觀念進行了許多闡發，最難能可貴的是超前地提出了一系列維護生態平衡的思想。孔

[113] 〈孝經．孝治章第八〉，載《十三經註疏》，北京：中華書局，1980 年影印版。

子認為，「四時行焉，百物生焉」[114]。《論語．述而》講：「釣而不網，弋不射宿。」即只用魚竿釣魚，不能一網打盡，不得射獵夜宿之鳥。《禮記．祭義》載：「樹木以時伐焉，禽獸以時殺焉。夫子曰：『斷一樹，殺一獸，不以其時非孝也。』」《禮記．王制》稱：「田不以禮曰暴天物，天子不合圍，諸侯不掩群……草木零落然後入山林，昆蟲不蟄不以火田，不麛不卵，不殺胎，不殀夭，不覆巢。」很顯然，儒家反對濫捕濫伐，破壞生態平衡，認為這是「暴殄天物」。

在人際間的和諧上，孔子主張「愛人」、「和為貴」，要求有選擇地保留遠古社會一些美好的東西。宗族成員之間，不光要有嚴格的等級秩序，還要有上下左右、尊卑長幼間的互助互愛。在《論語》中，孔子像個慈祥的長者，反覆講「仁者愛人」、「與人為善」、「老者安之，朋友信之，少者懷之」等。孟子提出了「天時不如地利，地利不如人和」的著名觀點，他還提出「老吾老以及人之老，幼吾幼以及人之幼」[115]，使敬老愛幼獲得了更為廣泛的社會性存在價值。

《禮記．禮運篇》描繪了一個高度和諧的理想社會：「大道之行也，天下為公，選賢與能，講信修睦。故人不獨親其親，不獨子其子，使老有所終，壯有所用，幼有所長，矜、

[114] 〈論語．陽貨〉，載《諸子整合》，上海：上海書店，1986 年影印版。
[115] 《孟子》之〈公孫丑下〉、〈梁惠王上〉，載《諸子整合》，上海：上海書店，1986 年影印版。

寡、孤、獨、廢疾者皆有所養。男有分，女有歸。貨惡其棄於地也，不必藏於己；力惡其不出於身也，不必為己。是故謀閉而不興，盜竊亂賊而不作，故外戶而不閉，是謂大同。」儘管這個大同社會是個沒有競爭，吃倫理道德小耳朵飯的原始共產主義社會，但它寄託著對人人各得其所、和睦相處、團結互助的和諧社會的強烈嚮往。

在民族與民族、國家與國家的關係上，主張協和萬邦，以德服人。《尚書．堯典》說：「百姓昭明，協和萬邦。」《周易．乾卦》主張「萬國咸寧」。孔子提出「四海之內皆兄弟」，又說「遠人不服，則修文德以來之」[116]。孟子倡導「以德服人」。這種以文德感化外邦，反對輕率地訴諸武力的和諧思想，是我們中華民族精神中渴望和諧社會、和諧世界的象徵。

（三）闡發了人文主義的世界觀

孔子充分肯定人的價值，對天命鬼神既不否定，也很少宣傳。

對天命鬼神，孔子採取了一種「敬鬼神而遠之」[117]的理性態度。《論語．先進》載，子路問事鬼神，子曰：「未能事人，焉能事鬼。」、「敢問死？」、「未知生，焉知死？」

[116] 〈論語．季氏〉，載《諸子整合》，上海：上海書店，1986 年影印版。
[117] 〈論語．雍也〉，載《諸子整合》，上海：上海書店，1986 年影印版。

對鬼神的祭祀，孔子非常重視，但這種重視主要出自於對祖先「慎終追遠」的道德情感的培養，而不是對神靈庇佑的盲目崇拜。《論語·學而》載：「慎終追遠，民德歸厚矣。」何晏集解曰：「孔（安國）曰：慎終者，喪盡其哀；追遠者，祭盡其敬。」如孔子說：「祭如在，祭神如神在。」一個「如」字，實際上否定了「神」的存在。宋代的程頤對此解釋說：「祭先，主於孝；祭神，主於恭敬。」可見孔子認為，祭祀行為不過是培養「孝」和「恭敬」的道德意識手段。

在一般情況下，孔子也宣傳、敬畏天命。如上述「生老風俗」中孔子講的「五十而知天命」。《論語·季氏》子曰：「君子有三畏：畏天命，畏大人，畏聖人之言。」但「天」在孔子的思想中主要指自然之「天」和義理之「天」。《論語·陽貨》講：「天何言哉！四時行焉，百物生焉。」《論語·八佾》講：「獲罪於天，無所禱也。」是把天看成是義理的天。《孟子·公孫丑》引太甲語曰：「天作孽，猶可違；自作孽，不可活，此之謂也。」天降的災害還可以躲避，自作的罪孽，逃也逃不了。孔子基本破除了主宰之「天」的觀念，表明了思想的解放。

關於「命」，孔子認為它是一種必然性，但孔子不主張屈服於「命」的規定性，而是充分發揮個人的主觀努力，所以常常表現出「知其不可而為之」的執著，這種執著反映了一種積極進取，而之後的荀子「制天命而用之」的思想正是從這一觀念發展而來的。基於這種理性觀念，孔子不信卜筮，他曾引用《易經》中「不恆其德，或承之羞」這句話來說明：真正決定自己命運的是道德。

儒家這種重人事，輕天命；重現實人生，輕來生彼岸的思想傾向，對後來儒學沒有走向宗教，對中國人的人生價值、人格追求，都產生了重大而深遠的影響。

（四）設計了一整套「克己復禮」，齊家治國平天下的方案

在春秋禮崩樂壞的形勢下，孔子有著強烈的社會責任感和參政意識。《論語·陽貨》子曰：「如有用我者，吾其為東周乎。」孔子不僅有出仕的強烈慾望，而且做了充分的理論準備，提出了「克己復禮」、「正名」、「為政以德」等一系列施政方針。孔子的「仁」和「禮」就是一種治國方略，他把「德（仁）」和「禮」看作維護統治的手段，而不主張單純的「政」和「刑」。

《論語·為政》講：「為政以德。」、「道之以政，齊之以刑，民免而無恥；道之以德，齊之以禮，有恥且格。」把外在的等級制度轉化為內在的倫理道德後，再以「德」來誘發，以「禮」來整齊劃一，上述君臣父子的秩序既有道德倫理的必然性，又有思想行為的規範性，就有條不紊了。這就使儒學

完全成為一種在位者的學說，而不是奪位者的學說。西漢叔孫通說，「儒者難與進取，可與守成」[118]，可謂一語中的。

現代中小學課堂上的起立就是一種禮，它的作用是政和刑不能替代的。課間，小學生都在玩耍，上課鈴一響，大家亂哄哄地跑進教室，你戳我一把，我打你一下，班長一聲起立，向全班莊嚴宣告：上課了，安靜了。亂哄哄的聲音越來越小，最後鴉雀無聲，地下掉根針都能聽到。這時大家都有一種莊嚴、肅穆、肅然起敬的感覺，老師一鞠躬，就把精力都集中到課堂上了。有的說，不用起立，看到哪個同學不聽話，上去扇他一耳光。這樣，就把上課的好心情破壞了，老師怒氣沖沖，學生在流眼淚，怎麼進行快樂教學、啟發式教學？所以，孔子強調的「道之以德，齊之以禮，有恥且格」，實際是主張培養人的羞恥感、榮譽感、自豪感、自尊心、上進心，是非常有道理的。而政和刑培養出的大多是「免而無恥」者，死豬不怕開水燙，這樣的學生就不好教育了。社會也是這樣，一旦人心不古，道德淪喪、風氣敗壞，是非觀念失衡，沒有了羞恥感、榮譽感、自尊心，整個社會也就不好辦了。所以，孔子把正面引導的「德」、「禮」放在首位，把強制規範的政和刑放在輔助地位，努力激發、呼喚社會的正能量，作為一種治國方略是非常值得借鑑的。

[118]　《史記‧劉敬叔孫通列傳》，北京：中華書局，1959 年版。

（五）創造了儒家的道德人格思想

在上述充分肯定人的價值的基礎上，孔子把儒家仁、義、禮、智、信、忠、孝、節、廉、恭、寬、敏、惠、溫、良、儉、讓等所有的倫理道德素質典型化，通通集中到一個理想的載體——「君子」身上，創造了一個高度完美的理想人格形象。

孔子把社會政治收縮為家庭人倫，孟子又把家庭人倫內化為人的本性，強調其先驗性、普遍性。他的性善論認為：「惻隱之心，仁之端也；羞惡之心，義之端也；辭讓之心，禮之端也；是非之心，智之端也。」、「仁義禮智，非由外鑠我也，我固有之也」[119]。這些道德品格不是外在的命令，而是內在的本性。如果說，在孔子那兒是事親不得不孝，與朋友交不得不信，即人不能不這樣，人應該這樣。到了孟子就變為：人本來就這樣。他的仁政思想、民貴君輕思想、大丈夫人格，都是孔子思想的進一步發展。

先秦諸子百家的學說都有自己的鮮明特徵。以老莊為代表的道家闡述的是一種宇宙觀和人生哲理；墨家思想是代表下層小生產者提出本階級的主張和要求；名家和陰陽五行家都講宇宙萬物的構成和運動。名家帶有中國稀有的邏輯思辨

[119] 《孟子》之〈公孫丑上〉、〈告子上〉，載《諸子整合》，上海：上海書店，1986 年影印版。

特徵，後來中斷了它的發展。陰陽五行家反映了中國傳統的模糊籠統的整體思維方式。從天人關係上看，上述各家都在「天」這個命題上花費了很大精力，而儒家是最不願意在「天命」上勞神的，它關心的是人事。從這個意義上講，儒學是裁量人的「人學」，而不是崇拜神的「神學」。

從參政議政實踐上看，儒家和法家、縱横家、兵家是共通的。儘管儒法兩家有德治、法治的不同，但都是治國方案，所以有了後來的儒法合流。由於先秦儒家具有農業文化的保守性，很難與商業文化的，以「變通」、「詭道」為特徵的縱横家、兵家找到共同語言。在參政實踐上也無法與他們比肩，孔子、孟子最終都成為實踐上的失敗者。

三、董仲舒天人感應的天道系統

儒學發展的第二個里程碑是西漢董仲舒的儒學。董仲舒對儒學有兩大貢獻：其一，使秦朝焚書坑儒後，受壓抑、受迫害的儒學取得了政治上的獨尊地位，並將儒家思想付諸社會實踐。其二，以儒學為主，吸收法、道、陰陽、五行等各家學說進行再創造，構築了一個龐大的，天人感應的天道系統。

這個天人感應的天道系統，既有自然性，又有神學性；既有道德、情感，又有命運、規律，把天上、人間所接觸、觀察、體驗到的現實與理想通通融納進去，是一個集自然、道德、情感、人格、規律於一身的模糊體。儒家的仁學結構、治平思想、君臣父子論、個體人格，法家的君主集權、法治刑賞，以及道、陰陽、五行，都網羅到這個秩序體系之中。其運作形式則透過天人感應，五行相生相勝，陰陽交替來達到整個系統的動態平衡。它與孔孟原始儒學的區別，主要有以下幾點：

其一，孔孟的儒學歌頌堯舜禪讓，主張正君臣名分，董仲舒維護絕對君權，倡導三綱五常。

三綱五常是董仲舒天道系統掩蓋著的政治主張。所謂「三綱」即「君為臣綱」、「父為子綱」、「夫為妻綱」；所謂「五常」即「仁、義、禮、智、信」。韓非發展了孔子「君君、臣臣、父父、子子」思想，為「三綱」劃出了一個明晰的輪廓：「臣事君，子事父，妻事夫，三者順則天下治，三者逆則天下亂，此天下之常道也。」[120] 董仲舒對此加以繼承和神化，第一次提出「王道之三綱，可求於天」[121] 的說法。到西漢末成書的《禮緯》就把「三綱」的條文具體化了。

其二，孔孟的儒學「敬鬼神而遠之」，注重人事，董仲舒大講天道。

[120]　〈韓非子．忠孝〉，載《諸子整合》，上海：上海書店，1986 年影印版。
[121]　《春秋繁露．基義》，上海：上海古籍出版社，1986 年版。

董仲舒似乎改變了孔、孟的初衷，大講天道，忽略人事，其實是二者皆備。董仲舒的天道既不是外國宗教的人生彼岸，也不是陰陽家或道家的那種漠然寡情，「拘而多畏」的世界，而是注入了儒學中「仁」的情感，增添了人格色彩。《春秋繁露．俞序》講：「仁，天心。」同時，董仲舒反覆強調「天地之性人為貴」[122]，人才能「與天地參」。在他的天道系統中仍然充滿人的主動意識和崇高地位。因此，大講天人感應的董仲舒的儒學，並沒改變儒學的入世特徵。受董仲舒天道的影響，普通民眾心目中的「天」，也是一個集自然、情感、道德、人格於一身的模糊體，是無法皈依或作為來生寄託的。

其三，孔孟的儒學復古、保守，董仲舒主張「應變」、「更化」，天道循環。

孔子「述而不作，信而好古」[123]，孟子和荀子無論是「法先王」還是「法後王」，其道德榜樣都是往古的聖賢。所以儒家以「祖述堯舜，憲章文武」而著稱。

董仲舒認為：「道之大原出於天，天不變，道亦不變。」[124]

《春秋繁露．精華》講：「春秋固有常義，又有應變。」

[122] 《漢書．董仲舒傳》，北京：中華書局，1962 年版。
[123] 〈論語．述而〉，載《諸子整合》，上海：上海書店，1986 年影印版。
[124] 《漢書．董仲舒傳》，北京：中華書局，1962 年版。

《漢書·董仲舒傳》載董仲舒的《天人三策》曰：「譬之琴瑟不調，甚者必解而更張之，乃可鼓也。為政而不行，甚者必變而更化之，乃可理也。當更張而不更張，雖有良工不能善調也；當更化而不更化，雖有大賢不能善治也。」

董仲舒的天道系統，既有命定性、秩序性的特徵，又主張「應變」、「更化」，具有循環性和自行調節功能，而不是僵化固定。這個命定的，又是循環的天道，成為中國人支撐現實，調節心理的信念基礎。它至少激勵著中國人三種處世觀念。

首先，富有韌性、自強不息的奮鬥精神。

《孟子·告子下》稱：「舜發於畎畝之中，傅說舉於版築之間，膠鬲舉於魚鹽之中，管夷吾舉於士，孫叔敖舉於海，百里奚舉於市。故天將降大任於斯人也，必先苦其心志，勞其筋骨，餓其體膚，空乏其身，行拂亂其所為，所以動心忍性，曾益其所不能。」從孟子的「天將降大任」，到《周易·乾卦》的「天行健，君子以自強不息」，再到司馬遷的「聖賢發憤」，都是建立在天道循環基礎上的自強不息。

其次，樂觀主義的人生態度。

對天道循環的信念，使中國人始終以樂觀主義的態度對待現實人生。中國人即使在極度困苦中也相信會「否極泰來」、「柳暗花明」、「十年河東，十年河西」、「留得青山在，不怕沒柴燒」。即使處在惡婆婆虐待下的媳婦，也以「千年的大道流成河，多年的媳婦熬成婆」來鼓勵自己活下去的勇氣。因為這是命定的、循環的天道。這一特定的心理調節功能，把許多悲觀、絕望，想皈依宗教的人，從半路上拉了回來，從而始終保持著對現實人生的歸屬感。

再次，逆境成材模式。

上述孟子的「苦其心志」，司馬遷的「聖賢發憤」，就是典型的逆境成材模式。後來的中國人欣賞、認同、讚揚的都是逆境成材，而不注重順境成材。「受得苦中苦，方為人上人」、「寶劍鋒從磨礪出，梅花香自苦寒來」。中國歷史上抵禦外侮的英雄，衛青、霍去病、戚繼光等順利成功者，都不被人看重，而楊家將、岳飛等沒有成功，遭遇逆境，卻家喻戶曉、婦孺皆知。荊軻刺秦王之所以千古傳誦，就在於他的不成功，成功了肯定就默默無聞了。

其四，先秦儒學博而不雜，董仲舒的儒學駁雜豐富，主張吸收外物。

董仲舒的儒學既是自然知識進步，社會思想發展的必然要求，又是戰國百家爭鳴以來各學派思想互相競爭、互相影響，並走向學術綜合的必然結果。

自春秋戰國以來，隨著人們認知、改造自然能力的提高，產生了對宇宙、社會、自然、人生做出統一的、規律性的解釋的要求。董仲舒的天人合一的天道系統則適應這一要求，解決了這一時代課題。因此，它是社會思想發展到一定階段的必然，是思維發展、文化進步的階梯。

董仲舒的天道系統固然具有神祕主義色彩，但卻是對當時零散的、種種經驗的整理和總結。比如水勝火、土生金等五行相勝相生的說法，交織著對自然本性的了解和實踐經驗的總結。甚至是把人的情感和生理構造與天附會，大談天人感應，也有科學的顆粒。董仲舒的代表作《春秋繁露．人副天數》講，人有喜怒哀樂，天有春夏秋冬；人有 360 骨節，天有 360 日；人有五臟，天有五行；人有四肢，天有四時。「天將陰雨，人之病故為之先動。」這些說法，與《黃帝內經》講的生理、病理相去不遠。所以，儘管董仲舒天人感應的天道荒謬至極，而構築這個體系的材料，卻來之當時人取得的經驗和成就。

自融會各家學說的董仲舒的儒學出現後，儒學在排斥外物的另一面，又有了消化外物，不斷吸收其他學說的理論營養來豐富、發展自己的靈活性和融會性。由於它處在獨尊的地位上排斥外物，使任何一種外來文化都要帶上中國文化的特色。

其五，孔孟儒學講王道政治，主張任德不任刑，董仲舒講德刑、王霸道並用。

戰國時期，有王道和霸道兩種統治方案。法家商鞅因景監見秦孝公，說以王道，孝公昏昏欲睡；復說以霸道，孝公大悅，語數日不厭。可見，商鞅既通王道，又通霸道，在實踐中，他選擇了霸道。

孟子和商鞅分別是儒家和法家的代表人物，「王道」和「霸道」就被視為儒、法兩家的治國主張。《孟子 · 公孫丑上》講：「以力假仁者霸，霸必有大國；以德行仁者王，王不待大。湯以七十里，文王以百里。以力服人者，非心服也，力不贍也；以德服人者，中心悅而誠服也。」

董仲舒認為，「刑者，德之輔」，主張儒法並用，德主刑輔。他以陰陽解釋「刑德」，主張「賞善誅惡」，給刑法制度一定的地位。在德治方面，董仲舒提出了「限民名田，以贍不足，塞兼併之路」、「去奴婢，除專殺之威，薄賦斂，省徭役，以寬民力」[125] 的主張。從董仲舒開始，建立了「霸王道雜之」的「漢家制度」。《漢書 · 元帝紀》載漢宣帝語曰：「漢家自有制度，本以霸王道雜之，奈何純任德教，用周政乎？」

孔子的「中庸」在董仲舒的天道系統中得到充分展現，即哪方面也不走向極端，始終保持整體的和諧均衡。有些命題儘管互相矛盾，或是因為這個混雜的體系還不能融會貫

[125] 《漢書 · 食貨志》，北京：中華書局，1962 年版。

通，或是作為一種統治思想需要各方面的互補，這些都符合中國傳統文化整體把握的思維原則。

四、宋明理學的宇宙天理

儒學發展的第三個里程碑是宋明理學。

兩漢之際，佛教傳入中國，東漢末道教創立，逐漸出現三教並立的局面。從兩晉南北朝開始，許多儒學家從現實政治和社會利害等方面，對佛、道進行外在的批判。宋明理學的最大成就，是對佛、道的宗教理論進行內在的吸收、改造，使儒學在理論上達到了最為精緻完備的程度。其代表人物是北宋的周敦頤、張載、程顥、程頤，南宋的朱熹、陸九淵，明朝的王陽明。他們自以為是繼承堯、舜、禹、湯、文、武、周公、孔子的道統，所以又稱為道學。

董仲舒給儒學披上「天道」的外衣，理學家們則在「理」、「氣」、「無極」、「太極」等宇宙本體論問題上進行了多層次論證，根本核心就是要證明，君臣父子等倫理綱常，仁、義、禮、智、信、忠、孝、節、廉等，等於宇宙的必然法則，亦即天理。天理先於、高於、超越萬事萬物，是萬事萬物的本體存在。「宇宙之間一理而已，天得之而為天，地得之而為地，而凡生於天地間者又各得之以為性。其張之為三綱，其紀之為五常。蓋此理之流行，無所適而不在」[126]。

為了了解這個天理，理學家們特別強調天理的主宰、統帥、命令作用。它要求把天理的絕對命令，當作自我完成的主動欲求，追求倫理上的「自律」，反對「他律」，即要求人們自覺地「窮天理，滅人欲」。

宋明理學最終完成了儒家思想的哲學形態，構築了天人合一的理論體系。佛、道思想中的許多命題都被它吸收，模糊了其本來面目，最後確立了儒學在雅、俗兩個文化層次的統治地位。

[126]　《朱子文集》卷七〇〈讀禮札記〉，北京：中華書局，1985 年版。

第二節 儒家的道德人格

孔子重視人的價值，必然要重視人的品格。對人格信念的珍視和執著，強調個體品格的完善和高揚，並使其理想化、典型化，是儒家道德人格的基本特徵。為此，孔子、孟子一方面強調人對個體品格的能動作用，即道德的自覺和自律，主張「士不可以不弘毅」、「人能弘道，非道弘人」[127]，又倡導用聖人之言、禮樂制度、人格典範來規範、誘發人們的人格意識。

一、孔子的道德人格正規化

孔子在對伯夷、叔齊、柳下惠、夷逸、史魚、蘧伯玉等人的人格價值評判中，分別樹立了各種類型的品格。《論語·微子》稱：

[127] 〈論語·泰伯〉、〈論語·衛靈公〉，載《諸子整合》，上海：上海書店，1986年影印版。

逸民伯夷、叔齊、虞仲、夷逸、朱張、柳下惠、少連。子曰：「不降其志，不辱其身，伯夷、叔齊與！」謂：「柳下惠、少連降志辱身矣。言中倫，行中慮，其斯而已矣。」謂：「虞仲、夷逸隱居放言（放置，口不言世事；李賢注為縱，跌蕩放言），身中清，廢中權（自廢棄以免患）；我則異於是，無可無不可。」

在這裡，孔子揭示出四種人格類型：

（一）不降不辱

《史記·伯夷叔齊列傳》載：

伯夷、叔齊，孤竹君之二子也。父欲立叔齊，及父卒，叔齊讓伯夷，伯夷曰：「父命也。」遂逃去。叔齊亦不肯立而逃之，國人立其中子。於是伯夷、叔齊聞西伯昌善養老，盍往歸焉。及至，西伯卒，武王載木主，號為文王，東伐紂。伯夷、叔齊叩馬而諫曰：「父死不葬，爰及干戈，可謂孝乎？以臣伐君，可謂仁乎？」……天下宗周，而伯夷、叔齊恥之，義不食周粟，隱於首陽山，採薇而食之……遂餓死於首陽山。

以伯夷、叔齊為代表的「不降不辱」的特點是：不改變自己意志，不喪失自己的尊嚴；不入庸君之朝，冰清玉潔、傲然不群。「道不同不相為謀」、「歲寒，然後知松柏之後凋」[128]，讚揚的就是伯夷「舉世汙濁，清士乃見」的可貴品格。齊人「不食嗟來之食」，陶淵明「不為五斗米折腰」，秉承的就是這一氣節。

（二）降志辱身

關於少連，史籍記載不多，《禮記．雜記》載孔子語曰：「少連、大連善居喪，三日不怠，三月不解，期悲哀，三年憂，東夷之子也。」少連應是個孝子的典範，與「降志辱身」的品格無關。「降志辱身」主要指柳下惠。

柳下惠名獲，字禽，出身展氏，又稱展禽，魯孝公的五世孫，以諳熟貴族的禮儀而著稱。孔子讚揚的是他「為士師三黜而不去」。《論語．微子》載，柳下惠擔任典掌監獄的小官，叫士師，被罷黜了三次，仍然在官位上。有人說：「子未可以去乎？」柳下惠說：「直道而事人，焉往而不三黜；枉道而事人，何必去父母之邦？」意思是，我以直道與人相處，到哪兒也得被罷官；我違背原則和良心與人相處，在父母之邦的魯國就能做大官。

[128] 〈論語．衛靈公〉、〈論語．子罕〉，載《諸子整合》，上海：上海書店，1986年影印版。

柳下惠
選自明代《人鏡陽秋》

可見柳下惠「降志辱身」的特點是：忍辱負重、安於貧賤；寬容大度而又不枉道；同流而不合汙，身處汙泥而不染。

柳下惠在中國民眾中名聲極高，除「為士師三黜而不去」外，還有幾件值得稱道的事。

1. 以文辭行賄，說退大舉進攻魯國的齊軍

《左傳·僖公二十六年》載，齊桓公死後，齊孝公率軍進攻魯國，臧文仲想出個文辭行賄的辦法，魯僖公命柳下惠

措辭，命展喜前去犒齊軍。對齊孝公說：「昔周公、大公股肱周室，夾輔成王。成王勞之而賜之盟曰：『世世子孫，無相害也。』載在盟府，大師職之（太公為太師兼主司盟之官）。桓公是以糾合諸侯，而謀其不協，彌縫其闕，而匡救其災，昭舊職也。及君即位，諸侯之望曰：『其率（循）桓之功。』我敝邑用不敢保聚，曰：『豈其嗣世九年而棄命廢職？其若先君何？君必不然。』恃此以不恐。」

齊人崇尚功利而善虛詐，沒有魯人那麼迂腐、循規蹈矩，聽了展喜一番陳辭，齊孝公開始覺得滑稽可笑，後來仔細深思，真還不能丟掉「齊桓之功」這張招牌，更何況戰釁一開，勝敗還未可知，竟班師撤退了。用文辭說退壓境之軍隊，固然反映了柳下惠、展喜縱橫捭闔的外交藝術，但也只有在周禮尚未完全失去作用的春秋時期才能出現。後來的詩賦彌兵鋒，柳下惠已開先例。

2. 反對臧文仲祀「爰居」和縱「逆祀」

《國語·魯語上》載：

海鳥曰「爰居」，止於魯東門之外三日，臧文仲使國人祭之。展禽曰：「越（迂闊不知政要）哉，臧孫之為政也！夫祀，國之大節也；而節，政之所成也。故慎制祀以為國典。今無故而加典，非政之宜也。夫聖王之制祀也，法施於民則祀之，以死勤事則祀之，以勞定國則祀之，能御大災則祀之，能扞大患則祀之。非是族也，不在祀典。昔烈山氏之有天下也，其子曰柱，能植百穀百蔬。夏之興也，周棄繼之，故祀以為稷。共工氏之伯九有（域）也，其子曰后土，能平九土（九州之土），故祀以為社。黃帝能成命百物，以明民共財，顓頊能修之。帝嚳能序三辰（日月星）以固民，堯能單（盡）均（平）刑法以儀（善）民，舜勤民事而野死（蒼梧之野），鯀障洪水而殛死，禹能以德修鯀之功，契為司徒而民輯（和），冥（契六世孫，夏水官）勤其官而水死，湯以寬治民而除其邪，稷勤百穀而山死（死於黑水之山），文王以文昭（演周易，有文德），武王去民之穢（去商紂）。故有虞氏（舜後胡公，嬀姓，周武王封於河南淮陽為陳國）禘黃帝而祖顓頊（祭昊天於圜丘曰禘，祭五帝於明堂曰祖、曰宗），郊（祭上帝於南郊曰郊）堯而宗舜；夏后氏禘黃帝而祖顓頊，郊鯀而宗禹；商人禘舜（應該為「嚳」，契之父）而祖契，郊冥而宗湯；周人禘嚳（稷之父）而郊稷，祖文王而宗武王；幕（舜後虞思，為夏諸侯），能帥（遵循）顓頊者也，有虞氏報焉；杼（少康之子季杼），能帥（遵循）禹者也，夏后氏報焉；上甲微（契八世孫），能帥契者也，商人報焉；高圉（棄十世孫）、太王，能帥稷者也，周人報焉。凡禘、郊、祖、宗、報，此五者，國之典祀也。加之以社稷山川之神，皆有功烈於民者也。及前哲令德之人，所以為明質（信）也；及天之三辰，民所以瞻仰也；及地之五行，所以生殖也；及九州名山川澤，所以出財用也。非是不在祀典。今海鳥至，己不知而祀之，以為國典，難以為仁且智矣！夫仁者講功，而智者處（名）物。無功而祀之，非仁也；不知而不能問，非智也。今茲海其有災乎？夫廣川之鳥獸，恆知避其災也。」

是歲也，海多大風，冬煖。文仲聞柳下季之言，曰：「信吾過也，季子之言不可不法也。」使書之以為三筴（策）。

從柳下惠敘述的祭祀典章來看，古代的祭祀對象除祖先外，都是在同大自然鬥爭中興利除害、造福人類的人物。可見古代祭祀不光是巫術迷信，還表現了對那些征服險惡環境，開拓遠古人類生活的偉大人物的肯定和崇敬。

縱「逆祀」也是批評臧文仲。魯閔公啟方和魯僖公申都是魯莊公之子，僖公是閔公的庶兄。慶父作亂，殺公子般擁立了閔公，又殺閔公欲自立而敗亡，季友擁立了魯僖公。所以弟弟魯閔公在先，哥哥魯僖公在後。負責祭祀的魯宗伯夏父弗忌尊崇僖公，故要將魯僖公躋於魯閔公之前。執政臧文仲聽之任之。柳下惠指出，這是「易神之班」不祥。剛才說柳下惠諳熟貴族的典章禮儀，即指此。

3. 坐懷不亂

柳下惠坐懷不亂的傳說，有一個演變的過程。

《荀子 · 大略》載：「子夏貧，衣若縣（懸）鶉。人曰：『子何不仕？』曰：『諸侯之驕我者，吾不為臣；大夫之驕我者，吾不復見。柳下惠與後門者同衣而不見疑，非一日之聞也。』」唐人楊倞注曰：「後門者，君之守後門至賤者。」、「與後門者同衣」，是安於貧賤，與看守後門的貧賤者穿同樣的衣服。

成書於西漢初年的《毛詩故訓傳 · 巷伯》（見《詩 · 小雅 · 巷伯》）云：昔者，顏叔子獨處於室，鄰之嫠婦又獨處於室。夜，暴風雨至而室壞，婦人趨而至，顏叔子納之而使執燭。放乎旦而蒸（薪之細者）盡，縮屋（抽屋草）而繼之。自以為闢嫌之不審矣。若其審者，宜若魯人然。魯人有男子獨處於室，鄰之嫠婦又獨處於室。夜，暴風雨至而室壞，婦人趨而託之。男子閉戶而不納。婦人自牖與之言曰：「子何為不納我乎？」男子曰：「吾聞之也，男女不六十不間居（男女間雜）。今子幼，吾亦幼，不可以納子。」婦人曰：「子何不若柳下惠然，嫗（孵卵、養育）不逮門之女，國人不稱其亂。」男子曰：「柳下惠固可，吾固不可。吾將以吾不可，學柳下惠之可。」孔子曰：「欲學柳下惠者，未有似於是也。」

這裡具有了坐懷不亂故事的雛形，《荀子．大略》的記載就被解釋為，柳下惠與一女子進城晚了，被關在城門外，天氣寒冷，柳下惠解開自己的衣服將她裹在懷裡，由於他一貫作風正派，誰也不懷疑他有淫亂行為。

元朝胡炳文（1250—1333 年）《純正蒙求》卷上，有了成型的故事：「魯柳下惠，姓展名禽，遠行夜宿都門外。時大寒，忽有女子來託宿，下惠恐其凍死，乃坐之於懷，以衣覆之，至曉不為亂。」

元末明初陶宗儀的《南村輟耕錄》卷四〈不亂附妄〉則記述為：「柳下惠夜宿郭門，有女子來同宿，恐其凍死，坐之於懷，至曉不亂。」

至此，「坐懷不亂」的故事完全成型，並且越來越成為家喻戶曉的千古佳話，柳下惠成為遵守男女大防，讓人絕對放心的代名詞。例如，清李汝珍的《鏡花緣》第三十八回，唐敖道：「據這光景，舅兄竟是柳下惠坐懷不亂了？」

其實，原始儒家並不否認人的色慾。《禮記．禮運篇》稱：「飲食男女，人之大欲存焉。」《孟子．告子下》載：「食、色，性也。」《孟子．萬章上》載：「人少，則慕父母；知好色，則慕少艾；有妻子，則慕妻子；仕則慕君。」所以，孔子肯定魯國男子的做法，因為色慾是人的正常生理要求，孤男寡女半夜同居一室，很難做到「不亂」。當然，這是漢代人代孔子立言。但孔子的確不會贊成柳下惠「坐懷不亂」的行為，他所讚揚的是柳下惠「降志辱身」的寬容，對個體品格的潔身自好，對典章禮儀的諳熟和恪守。如果後人真正嚴格尊崇孔夫子的教誨，「宗師仲尼」，就不會有柳下惠「坐懷不亂」的故事了。

（三）隱居放言

虞仲是西周先祖古公亶父的次子。《史記．周本紀》載：「古公有長子曰太伯、次曰虞仲，太姜生少子季歷。季歷娶太任，皆賢婦人，生昌（周文王），有聖瑞。古公曰：『我世當有興者，其在昌乎？』長子太伯、虞仲知古公欲立季歷，以傳昌，乃二人亡如荊蠻，紋身斷髮，以讓季歷。」後來，太伯、虞仲相繼做了吳國的國君。所以，春秋末吳王夫差在黃池之會上爭霸，對晉定公說：「於周室，我為長。」[129]他的先祖的確是西周姬姓的嫡長。

虞仲只是隱居，而沒有放言。隱居放言的是夷逸。《論語．微子》正義引《尸子》曰：「夷逸者，夷詭諸之裔，或勸其仕，曰：『吾譬則牛，寧服軛（曲木）以耕於野，不忍被繡入廟而為犧。』」由此可知，「隱居放言」的特點是：不做政治的奴僕，超然世外而放肆直言，是較為典型的隱士的自由人格。

[129] 〈左傳．哀公十三年〉，載《諸子整合》，上海：上海書店，1986 年影印版。

（四）無可無不可

孔子說的「我則異於是，無可無不可」，實在是模稜兩可，給後人留下無限遐思。清代學者劉寶楠的《論語正義》援引各家進行解說。西漢揚雄認為是：「不夷不惠，可否之間也。」鄭玄注曰：「不為夷、齊之清；不為惠、連之屈，故曰異於是也。」馬融認為是「亦不必進，亦不必退，唯義所在」。其實，它與孔子「過猶不及」的中庸態度是一致的，是一種審時度勢的「政治智慧」。「夷齊失之過峻」，缺乏應有的寬容，「是知夷齊雖聖人所許，亦聖人所不為也」。亦即《孟子·公孫丑上》所謂的「伯夷隘（不容人，疾惡太甚），柳下惠不恭（輕忽、隨便），隘與不恭，君子不由也」。後來，孟子據此繼續發揮和昇華，塑造出另一類人格形象——「聖之時者」。

圍繞如何從政，孔子樹立了史魚、蘧伯玉兩種人格正規化。《論語·衛靈公》子曰：「直哉！史魚。邦有道，如矢；邦無道，如矢。君子哉！蘧伯玉。邦有道則仕，邦無道，則可卷而懷之。」

史魚即衛國大夫史鰌，他曾勸衛君任蘧伯玉、退彌子瑕，未被採納。臨終囑其子不准治喪正堂，以屍諫衛君。《韓詩外傳》卷七稱他，「生以身諫，死以屍諫，可謂直矣」。史魚創造了中國古代最極端的進諫形式——屍諫。

蘧伯玉也是衛國大夫。《左傳．襄公十四年》載，孫林父欲聯合蘧伯玉殺衛獻公立衛殤公，蘧伯玉「從近關而出」逃避禍難。到襄公二十六年（西元前 547 年），衛國大夫寧喜欲聯合蘧伯玉攻殺孫林父和衛殤公，迎衛獻公回國，他又「從近關出」而躲避。在今天看來，是個沒有責任感的政治投機者。

在這裡，孔子樹立了兩種截然相反的政治道德人格。一類是史魚的「有道無道，行直如矢」，是後來正直極諫和「愚忠」的典範。另一類是蘧伯玉的「有道則見，無道則隱」，是明哲保身的典範。二者當中，孔子更推崇蘧伯玉的靈活、超脫和全身遠害，稱他為「君子」。《史記．仲尼弟子列傳》稱：「孔子之所嚴事，於周則老子，於衛，蘧伯玉。」孔子在更多的場合明確表達了對「愚忠」的反對，對明哲保身、相機行事的肯定：

《論語．泰伯》曰：「篤信好學，守死善道，危邦不入，亂邦不居。天下有道則見，無道則隱。邦有道貧且賤焉，恥也；邦無道，富且貴焉，恥也。」、「不在其位，不謀其政。」

《論語．憲問》載：「邦有道，穀（當官食俸祿）；邦無道，穀，恥也。」、「邦有道，危言危行（言行高峻）；邦無道，危行言孫（厲行不隨俗，順言以遠害）。」

《論語·公冶長》載：「子謂南容（孔門弟子），邦有道不廢，邦無道免於刑戮，以其兄之子妻之。」、「季文子三思而後行，子聞之曰：『再，斯可矣。』」、「甯武子邦有道則知，邦無道則愚。其知可及也，其愚不可及也。」

《論語·衛靈公》載：「可與言而不與之言，失人；不可與言而與之言，失言。知（智）者不失人，亦不失言。」也就是說，講話要看對象，該說的說，不該說的不說，不能圖一時痛快而「禍從口出」。近人林語堂《中國人的德性》講，外國母親囑咐孩子：昂起你的頭，爽直回答人家的問題。中國母親總是囑咐孩子「少管閒事」，所以中國的孩子都「學乖了」。

孔子儒學的博大精深就在於它的「中庸」，哪方面都不走向極端，哪方面的需求都給以滿足。既有「知其不可而為之」的執著，又有「無可無不可」的圓滑。「仁」的品格，既有為了「仁」所表現出的犧牲精神和歷史責任感，又有全身免害，明哲保身的靈活和對責任、義務的冷淡、逃避。孔子「無可無不可」、「愚不可及」、「三思而後行」的精髓也在於此。

二、孟子對道德人格正規化的完善

孟子對孔子道德人格正規化的完善和發展，表現在兩個方面：

其一，將伯夷、柳下惠、虞仲、孔子等四種道德人格整合、篩選、昇華為「聖之清者」、「聖之和者」、「聖之任者」、「聖之時者」。

伯夷是「聖之清者」。《孟子．萬章下》稱讚伯夷說：「目不視惡色，耳不聽惡聲，非其君不事，非其民不使，治則進，亂則退……居北海之濱以待天下之清也。……伯夷，聖之清者也；伊尹，聖之任者也；柳下惠，聖之和者也；孔子，聖之時者也。」《孟子．公孫丑上》講：「非其君不事，非其友不友，不立於惡人之朝，不與惡人言。立於惡人之朝，與惡人言，如以朝衣、朝冠坐於塗炭。推惡惡之心，思與鄉人立，其冠不正，望望然去之，若將浼（ㄇㄟˇ，汙染）焉。」孟子著重強調了其疾惡如仇、冰清玉潔的個體品格。

柳下惠是「聖之和者」。《孟子．萬章下》稱讚「柳下惠不羞汙君，不辭小官，進不隱賢，必以其道。遺佚而不怨，厄窮而不憫（憂愁）。與鄉人處，由由然不忍去也。爾為爾，我為我，雖袒裼裸裎（ㄔㄥˊ，脫衣露身）於我側，爾焉能浼（ㄇㄟˇ）我哉……柳下惠，聖之和者也」。綜合上述孔子的論述，柳下惠「聖之和者」的品格是：寬和敦厚，潔身自好；「降志辱身」而不「枉道」；「不卑小官」，不計名利。坐落在徂萊山南麓梁父山的柳下惠墓就叫「聖和墓」。

「伯夷之清，柳下惠之和」，是孟子樹立的兩種典型的人格類型。《孟子．盡心下》讚揚其對人格塑造的教化和示範作用說：「聖人，百世之師也，伯夷、柳下惠是也。故聞伯夷之風者，頑夫廉，懦夫有立志；聞柳下惠之風者，薄夫敦，鄙夫寬。奮乎百世之上，百世之下，聞者莫不興起也。」

孟子用伊尹的「聖之任者」取代了虞仲的「隱居放言」。據說，伊尹事商湯，被推薦給夏桀，夏桀不用而復歸商湯，如此反覆了五次。《孟子．萬章下》載，伊尹曰：「何事非君，何使非民，治亦進，亂亦進。曰：天之生斯民也，使先知覺後知，使先覺覺後覺。予天民之先覺者也，予將以此道覺此民也。思天下之民匹夫匹婦有不與被堯舜之澤者，如己推而內之溝中，其自任以天下之重也。」這一慷慨激昂的表白，展示了「樂以天下，憂以天下」[130]的崇高境界和博大情懷，奠定了儒家聖壇上一以貫之的道德精神，是孟子構築的最為高尚、可敬的人格境界。它的樹立，填補了孔子人格類型的空白，鮮明反映了孔子人格本位與孟子「兼善天下」不同的人格價值取向。

伊尹的「聖之任者」有兩重人格特質：一是忍辱負重，具有以天下為己任的高度責任感。「隱居放言」的隱士，「有道則見，無道則隱」的投機，在它面前自慚形穢，被無情地

[130]〈孟子．梁惠王下〉，載《諸子整合》，上海：上海書店，1986年影印版。

淘汰了。二是具有「先知」的啟蒙和解民於「倒懸」的自覺意識，義無反顧的奉獻精神。中國古代的拯民意識發端於此，范仲淹的「先天下之憂而憂，後天下之樂而樂」，顧炎武的「天下興亡，匹夫有責」，也濫觴於此。

孔子是「聖之時者」，也是上述三種人格正規化的集大成者。《孟子．萬章下》敘述了伯夷、伊尹、柳下惠後，接著說：「孔子之謂集大成。集大成也者，金聲而玉振之也。金聲也者，始條理也；玉振之也者，終條理也。始條理者，智之事也。終條理者，聖之事也。」

「集大成」和「金聲玉振」有兩層含義：「金聲」、「始條理者」，是說它兼有夷齊之清、惠連之和、伊尹之任等所有的優秀品格；「終條理」、「玉振」，是指對人格行為的合理把握達到「聖」的境界。上述孟子說的「伯夷隘，柳下惠不恭，隘與不恭，君子不由也」，即指此。《孟子．公孫丑上》認為：「自有生民以來，未有孔子。」、「聖之時者」、「金聲而玉振」，是對孔子的「無可無不可」做出的高度評價。

其二，孟子的理想人格，類型化、層次化的多元特徵更加鮮明。除上述「聖之清者」等四種正規化外，孟子還透過權力和權威的道德化、人格化，對「聖人」、「大丈夫」、「大人」、「士」等進行了人格典範的再創造。

「聖人」是道德人倫方面為人師表的人格典範。

在先秦諸子心目中，「聖人」是道德智慧極高的權威。《易．乾．文言》稱：「聖人作而萬物睹。」孔子認為，聖人是可望而不可即的：「聖人，吾不得而見之矣，得見君子者斯可矣！」、「君子有三畏，畏天命，畏大人，畏聖人之言。」[131] 到了孟子，把聖人與一般人的距離縮短了，《孟子．告子上》提出了「聖人與我同類者」的說法。「聖人」一詞在《孟子》書中出現十餘次，把孝敬父母的舜，善養老的周文王以及伯夷、柳下惠統稱作聖人，主要強調其為人師表的作用。如：「聖人，百世之師也，伯夷、柳下惠是也。」、「規矩，方圓之至也；聖人，人倫之至也。」[132]

大人是「唯義所在」、「不失其赤子之心」的人格典範。

大人比聖人更令人敬畏，《易．乾卦》多次出現「利見大人」，並講：「大人者與天地合其德，與日月合其明，與四時合其序。」在孔子的「君子三畏」中，大人僅次於天命而先於聖人。大人在《孟子》書中出現十餘次，為闡述其特定含義，《孟子．告子上》解釋說：「體有貴賤，有大小，無以小害大，無以賤害貴。養其小者為小人，養其大者為大人。」該篇中，公都子問孟子說：「鈞是人也，或為大人，或為小

[131] 〈論語．述而〉、〈論語．季氏〉，載《諸子整合》，上海：上海書店，1986 年影印版。

[132] 〈孟子．盡心下〉、〈孟子．離婁上〉，載《諸子整合》，上海：上海書店，1986 年影印版。

人，何也？」孟子曰：「從其大體為大人，從其小體為小人。」在這裡，大人已經是個明確的道德概念了。

《孟子‧離婁下》論述的大人的品格有：「大人者，不失其赤子之心者也。」、「大人者言不必信，行不必果，唯義所在。」、「非禮之禮，非義之義，大人弗為。」《孟子‧盡心上》載：「大人者，正己而物正者也。」大人的人格特點是：靈活而又明辨是非、顧全大局、永保本色、「正己物正」。

大丈夫是頂天立地、大義凜然、轟轟烈烈的人格典範。

「大丈夫」僅在《孟子‧滕文公下》一處中出現：「景春曰：『公孫衍、張儀，豈不誠大丈夫哉？一怒而諸侯懼，安居而天下熄。』孟子曰：『是焉得為大丈夫乎？……居天下之廣居，立天下之正位，行天下之大道，得志與民由之，不得志獨行其道。富貴不能淫，貧賤不能移，威武不能屈，此之謂大丈夫。』」如果說，「聖之任者」在儒家人格聖壇上最為高尚、可敬，「大丈夫」則最具震撼力和人格魅力。後來理學家張載倡導的「為天地立心，為生民立命，為往聖繼絕學，為萬世開太平」的豪邁誓言，女革命家秋瑾「革命軍中一小卒，頂天立地大丈夫」的詩詞，都閃爍著「大丈夫」的人格光輝。

「士」是「窮則獨善其身，達則兼善天下」的人格典範。

「士」在孔子那裡已是道德人格形象，如「士不可以不弘毅，任重而道遠」。在《孟子》書中，「士」約出現24次，其中如《孟子．離婁下》曰：「無罪而殺士，則大夫可以去；無罪而戮民，則士可以徙。」應是《孟子．萬章下》說的「君一位，卿一位，大夫一位，上士一位、中士一位，下士一位，凡六等」中的低階貴族。可《孟子》書中又有「齊國之士」、「天下之士」、「盛德之士」、「豪傑之士」、「志士」、「善士」、「廉士」等各種稱呼，說明它已脫離原型而成為一個特定的社會階層。《孟子．盡心上》曰：「士窮不失義，達不離道。窮不失義，故士得己焉；達不離道，故民不失望焉。古之人，得志澤加於民，不得志，修身見於世。窮則獨善其身，達則兼善天下。」在這裡，孟子對士提出了一個動態的人格要求。所謂「獨善其身」即「窮不失義」，要「修身見於世」，而絕不是消極避世，孟子那兒沒有隱士的自由人格。

上述各種道德人格都可用君子品格統一起來。《孟子．告子下》整合伯夷、柳下惠、伊尹三種人格說：「居下位不以賢事不肖者，伯夷也；五就湯，五就桀者，伊尹也；不惡汙君，不辭小官者，柳下惠也。三子者不同道其趨一也。一者何也？曰仁也。君子亦仁而已矣，何必同。」也就是說，君子的品格有不同的表現形式，三者統屬於君子「仁」的整體品格形象。後來，人們往往把孟子講的聖人、大人、大丈夫、士等統歸於君子，是符合孟子本意的。

三、孔、孟道德人格的價值特徵

孔子道德人格的表層內，隱含著一個鮮為人注意的命題：道德、人格價值的合理性、獨立性。

首先，「仕」與「不仕」是一種價值的判斷和選擇，而不是道德、是非、責任的必然命令。孔子沒有嚴格的忠君觀念，臣下的自由度要大得多。孔子既講君臣等級名分，又主張君臣之間互尊、互惠，道德上等價交換和雙向選擇，臣下是否輔佐某個君主，要看他有沒有輔佐價值。上述「有道則見，無道則隱」，就是一種合理的價值選擇。

其次，孔子的「無求生以害仁，有殺身以成仁」，也是一種合理的價值選擇，絕不是做無謂的犧牲。一個「有」字說明，「殺身成仁」不是普遍的和唯一的選擇。

孔子對管仲的評價就是這樣。管仲背叛公子糾，又輔佐公子糾的仇人齊桓公，孔子幾次批評管仲不知禮，卻堅持肯定他仁。如《論語·憲問》記載：「子貢曰：『管仲非仁者與？桓公殺公子糾，不能死，又相之。』子曰：『管仲相桓公，霸諸侯，一匡天下，民到如今受其賜。微管仲吾其被髮左衽矣。豈若匹夫匹婦之為諒（信，匹夫匹婦以言許人，必踐其言，是之謂諒）也，自經於溝瀆而莫之知也？』」孔子認為，盲目追求「殺身成仁」，是「匹夫匹婦之為諒」。在這裡，孔子和管仲的價值選擇是一致的：為公子糾「殺身成仁」不值，輔佐齊桓公「九合一匡」，承擔自己的歷史責任，才是志士仁人的大「仁」。

《管子．大匡》載，管仲曰：「夷吾之為君臣也，將承君命，奉社稷，以持宗廟，豈死一糺（糾）哉。夷吾之所死者，社稷破，宗廟滅，祭祀絕，則夷吾死之。非此三者，則夷吾生。夷吾生則齊國利。夷吾死，則齊國不利。」

劉寶楠《論語．衛靈公》正義對「殺身以成仁」的解釋是正確的：「管仲不死，而相桓公，霸諸侯，一匡天下，民到於今受其賜，是成仁不必殺身。夫聖賢之死不死，審乎仁不仁，非謂仁必死也，非謂死則仁也。」管仲為成仁而不殺身，蘧伯玉為無「成仁」的價值而明哲保身，都受到孔子的讚揚和肯定。

第三，孔子的道德人格是一種不受社會、政治、君臣等因素干擾、制約的獨立人格。「篤信好學，守死善道，危邦不入，亂邦不居。天下有道則見，無道則隱」，清楚表現了其獨立性的價值選擇。因此，孔子人格意識的樹立，並不以自我獨立意識的淪喪為代價，恰恰是對自我、獨立意識的突出和高揚。

第四，在春秋那個干預國家政治缺乏必要保障的動亂時代，孔子反覆強調「有道則見，無道則隱」、「危邦不入，亂邦不居」、「不在其位，不謀其政」，並將其樹立為君子的一種品格正規化，無疑是一種「生存智慧」和道德之術。

孟子的道德人格有如下特徵：

第一，孟子使儒家道德人格真正獲得了社會性的存在價值，也喪失了孔子自我人格意識的獨立、自由。

如果說孔子的理想人格是一種「守死善道」的個體人格本位，對天下、社會缺乏應有的關注和責任的話，那麼，孟子則把道德人格的視野放眼到萬民的憂樂，天下的安危治亂。為了突出以天下、萬民為己任的責任感，孟子以「聖之任者」、「大丈夫」、「大人」、「士」，取代了「隱居放言」一類的隱士的自由人格。針對孔子的「有道則見，無道則隱」，《孟子·盡心上》強調：「天下有道，以道殉身；天下無道，以身殉道。未聞以道殉乎人者也。」即便是「獨善其身」，也並非孔子的「無道則隱」，而帶有「窮不失義」、「修身見於世」的責任感。從孔子的「不在其位，不謀其政」，到孟子的「窮則獨善其身，達則兼善天下」，再到北宋范仲淹的「居廟堂之高，則憂其民；處江湖之遠，則憂其君」，再到南宋陸游的「位卑未敢忘憂國」，責任感越來越由價值的自由判斷和選擇，變為道德、是非的必然命令了。按照孔子的說法，「不在其位，不謀其政」，你「處江湖之遠」，你「位卑」，憂什麼君，憂什麼國？不，這是封建臣子道德、是非、責任的命令。

第二，倡導「人皆可以為堯舜」的理想目標，強調個體品格樹立的可行性和普及性。

《論語·陽貨》中孔子認為，「唯上知與下愚不移」、「君子學道則愛人，小人學道則易使也」，君子與小人之間有一先天性鴻溝，是不可踰越的。《孟子·離婁下》認為，「舜，人也；我，亦人也」、「堯、舜，與人同耳」。《孟子·告子上》載：「聖人與我同類也。」《孟子·公孫丑上》載：「聖人之於民，亦類也。出於其類，拔乎其萃。」因此，在伯夷、柳下惠等人的風化下，不僅「頑夫廉，懦夫有立志」、「薄夫敦，鄙夫寬」，而且「人皆可以為堯舜」[133]。這一理想主張，消除了君子與小人的鴻溝，喚醒人們道德自律的普遍意識。

在此基礎上，孟子倡導一種命定的逆境成材模式。《孟子·告子下》稱：「舜發於畎畝之中，傅說舉於版築之間，膠鬲舉於魚鹽之中，管夷吾舉於士，孫叔敖舉於海，百里奚舉於市。故天將降大任於是人也，必先苦其心志，勞其筋骨，餓其體膚，空乏其身，行拂亂其所為，所以動心忍性，

[133] 〈孟子·告子下〉，載《諸子整合》，上海：上海書店，1986 年影印版。

曾益其所不能。」這樣，儒家的道德人格成為所有低賤、困厄境遇中人的一種普遍鼓舞力量。從司馬遷的「聖賢發憤」和中國人「受得苦中苦，方做人上人」的價值信念中，可見其影響深遠。

第三，將道德人格擴充、外化為一種充塞天地，無所不在的道德精神。《孟子 · 公孫丑上》談「我善養吾浩然之氣」時說：「其為氣也，至大至剛，以直養而無害，則塞於天地之間。其為氣也，配義與道，無是餒也。」這一「浩然之氣」，顯示了道德人格的崇高、莊嚴，最終建立起儒家精神世界的人格權威、人格統治。然而，這種誇張主觀精神的傾向，將人格價值建立在理想主義和熱血沸騰的瞬間，實際生活中未免失之迂闊。理想人格的崇高魅力，與權勢、物欲的誘惑形成了極為懸殊的落差，導致了一批批偽君子的猖獗。

對道德人格的樹立，對人格信念的珍視和執著，對等級、權力、權威的道德化、人格化，是孔、孟人格思想的共同特徵。但二者又有明顯的差異：孔子實際，孟子理想；孔子強調人格獨立、人格本位，孟子強調道義本位、社會本位；孔子的個體品格是一種「無可無不可」、「愚不可及」的道德之術，孟子的品格則是一種人格權威和人格統治。

四、君子與小人

君子與小人的原意是指貴族和統治者、庶人和被統治者，是一個階級、等級的概念。

《尚書．無逸》稱：「君子所其無逸。」鄭玄注曰：「君子止謂在官長者。」

《國語．魯語上》載：「君子務治，而小人務力。」

甚至到戰國時期，也仍有這種界定。《孟子．滕文公上》講：「無君子莫治野人，無野人莫養君子。」

為了強調個體人格的完善、高揚及其主動性、獨立性，孔子把儒家的全部倫理道德人格化、理想化，都集中到君子身上，把它作為一個高度完美的人格典範。所以，到春秋時的孔子，把君子和小人道德化為「有德者」和「缺德者」了。

《禮記．曲禮上》載：「博聞強識而讓，敦善行而不怠，謂之君子。」《論語．衛靈公》載：「君子謀道，不謀食。」這裡的君子，已不是貴族和統治者了。

「君子」在《孟子》書中約出現60餘次，除個別地方沿襲舊義，如上述「無君子莫治野人，無野人莫養君子」外，大都是具備仁、義、禮、智、信等各種道德素質的，高度完美的理想人格形象。如《孟子．盡心上》曰：「君子所性，仁、義、禮、智根於心。」《孟子．滕文公上》載：「君子之德，風也；小人之德，草也。」《孟子・公孫丑上》載：「君子莫大乎與人為善。」俯拾即是。

自孔子樹立了君子的形象後，在世俗社會產生了廣泛的影響。如果說在雅文化層次上，人們追求的是「聖人」、「內聖外王」的話，在俗文化層次上則是君子。《禮記・表記》稱：「君子之接，如水；小人之接，如醴。君子淡以成，小人甘以壞。」歐陽修〈朋黨論〉用世俗的語言表述為：「君子之交淡如水，小人之交濃如醴。」唐朝虔州刺史李丹講：「天堂無則已，有則君子生；地獄無則已，有則小人入。」[134] 人們在酒場上經常講「捨命陪君子」，都表現了世俗社會對君子的敬仰，對小人的鄙視。

（一）君子品格的道德內涵

君子的品格涵蓋了儒家的仁、義、禮、智、信、忠、孝、節、廉、恭、寬、敏、惠、溫、良、儉、讓等全部道德素質。其中，最主要的是仁、義、禮、智、信。《論語・衛靈公》載孔子語曰：「君子義以為質（操行），禮以行之，孫（遜）以出之，信以成之。」上述孟子也講：「君子所性，仁、義、禮、智根於心。」

[134] 《古今圖書整合・神異典・釋教部・紀事卷上》引《唐國史補》，北京：中華書局，成都：巴蜀書社，1985 年版。

仁

《論語·里仁》講：「君子去仁，惡乎成名？」孔子的「仁」即君子的品格，「仁」有如下含義：

其一，仁是一種最高的道德境界和道德品格，是所有人類美德的總和。《論語·陽貨》載，子張問仁於孔子，孔子曰：「能行五者於天下，為仁矣。」、「恭、寬、信、敏、惠。恭則不侮，寬則得眾，信則人任焉，敏則有功，惠則足以使人。」《論語·顏淵》中，顏淵、仲弓、司馬牛都「問仁」，孔子的回答各不相同：「克己復禮」、「己所不欲，勿施於人」、「仁者，其言也訒」。說明，只要是高尚的道德，都屬於「仁」的範疇。

其二，「己所不欲，勿施於人」[135]。《論語·雍也》日：「夫仁者，己欲立而立人，己欲達而達人。」可知，「仁」的道德底線是「不損人」。

孔子認為，「仁」作為一種具有普遍意義的道德觀念，並非僅僅與偉大的人物相連繫，是高不可攀的。它既有最高境界，又有最低要求，只要經過努力，就可以接近它。《論語·述而》子日：「仁遠乎哉？我欲仁，斯仁至矣。」《孟子·盡心上》也講：「求則得之，舍則失之。」即修仁行義，行之即是，關鍵在於每一個人的道德自覺意識。

---

[135] 〈論語·顏淵〉，載《諸子整合》，上海：上海書店，1986 年影印版。

其三，仁者「愛人」。《論語．顏淵》載：「樊遲問仁，子曰：『愛人。』」《孟子．離婁下》明確概括為「仁者愛人」。《孟子．告子上》還講：「惻隱之心，仁也。」

孔子思想中有選擇地保留了遠古社會中以「愛人」為特徵的人道色彩。在《論語》中，孔子像個慈祥的長者，反覆講「仁者愛人」、「與人為善」、「老者安之，朋友信之，少者懷之」、「馬棚失火，問：『傷人乎？』不問馬」[136]。

值得注意的是，儒家的愛人是發自內在心理的「仁」，是超功利的，但要由近及遠，也叫「愛有差等」。《孝經．聖治章》講：「不愛其親而愛他人者，謂之悖德；不敬其親而敬他人者，謂之悖禮。」也就是說，先得敬愛父母雙親，然後再敬愛他人。這和墨子「兼愛」的內涵和價值取向是不同的。墨子的兼愛是建立在外在功利基礎上的「利」，叫「兼相愛，交相利」[137]，只要「交相利」，不分貴賤、貧富、親疏都可「兼相愛」。《孟子．滕文公下》講：「楊氏為我，是無君也；墨氏兼愛，是無父也。無父無君，是禽獸也。」孟子的意思是，墨子講「兼愛」，愛別人和愛自己的父親一樣嗎？如果一樣，就是無父，是禽獸。

另外，《論語．顏淵》載：「君子成人之美，不成人之

[136] 〈論語．公冶長〉、〈論語．鄉黨〉，載《諸子整合》，上海：上海書店，1986年影印版。
[137] 〈墨子．兼愛〉，載《諸子整合》，上海：上海書店，1986年影印版。

惡。」《禮記．坊記》載：「君子貴人而賤己，先人而後己。」講的都是君子超功利的「仁」的品格。

其四，「克己復禮為仁」。《論語．顏淵》載，顏淵問仁，子曰：「克己復禮為仁，一日克己復禮，天下歸仁焉。」周代貴族們認為恢復周禮是貴族的事，與平民無關。孔子把恢復周禮的任務交給周族的每一個成員，要求大家都來「克己復禮」，自覺承擔起這一歷史責任，並強調「仁」所應有的歷史責任和犧牲精神。例如：

《論語．泰伯》載：「任重而道遠，仁以為己任。」曾子曰：「可以託六尺之孤，可以寄百里之命，臨大節而不可奪也。」

《論語．衛靈公》載：「志士仁人無求生以害仁，有殺身以成仁。」

《禮記．中庸》載：「君子所過者化。」

這些都是君子為了「仁」所表現出的歷史責任感和犧牲精神。孔子肯定管仲之「仁」，就是因為他承擔了自己所應承擔的歷史責任。

義

《禮記．中庸》講：「義者，宜也。」《孟子．離婁上》載：「義，人之正路也。」在《論語》中，「義」是個普遍的話題：

《論語．陽貨》講：「君子義為上。君子有勇而無義，為亂；小人有勇而無義，為盜。」

《論語．里仁》云：「君子喻於義，小人喻於利。」

《論語．為政》云：「見義不為無勇也。」

以儒家思想為核心的中國傳統文化在「義利」觀的選擇上，一貫是「重義輕利」，或叫「重仁義而輕功利」。董仲舒講：「正其誼（義）不謀其利，明其道不計其功。」[138]《孟子．告子上》講：「魚，我所欲也；熊掌，亦我所欲也，二者不可得兼，舍魚而取熊掌者也。生亦我所欲也；義亦我所欲也，二者不可得兼，捨生而取義者也。」現代語言的「就義」，即指「捨生取義」。在它的影響和規範下，中國人的經世觀念不僅把情義放在物質功利之上，甚至放在國法、生命之上。

《史記．趙世家》載，春秋晉景公時，趙氏遭滅門之禍，趙朔妻有遺腹子，其門客公孫杵臼和好友程嬰冒死救孤。宋元時編成戲劇《趙氏孤兒》，一直演到現在，歌頌的就是程嬰、公孫杵臼為了成全「義」，不惜以身試法，捨命就義的品格。孟子說的「唯義所在」的大人，「富貴不能淫，貧賤不能移，威武不能屈」大丈夫，都是「義」的品格典範。

[138] 《漢書．董仲舒傳》，北京：中華書局，1962 年版。

前面提到「君子之交淡如水」，也是指「義」的品格。《太平御覽》卷七五七〈器物部二·釜〉引《風俗通》載：

> 俗說齊人有空車行，魯人有負釜者，便持置車中二三百里，臨別取釜，不相問為誰，亦不謝。後車家系獄當死，釜不相問為誰主，徑往募人取之，穿壁未達，車者怒，不肯出。釜主慚，欲俱死。明日，主者以事白齊君，義而原之。

魯國人將釜放在齊國人的空車上走了二三百里路，連個謝字也沒說就揚長而去，仗義大度的齊人毫不計較，互相之間都沒問姓名。齊人犯死罪，這位魯人僱人穿壁，捨命相救，甚至「欲俱死」，齊人卻堅決不肯接受他的回報，齊君欽佩二人的義氣，赦免了這個齊人。從這一系列講義氣的鏈條中，我們看出了「君子之交淡如水」的內涵和真諦。

先秦時期婦女的「匹婦之義」，更顯得大義凜然。《太平御覽》卷四二二〈人事部六三·義婦〉引用了兩則義婦事例：

《說苑》載，齊軍攻魯，見一婦人逃難，「抱大而挈小」。怪而問之。婦人說：「大者，妾夫兄之子；小者妾之子。夫兄子者，公義也；妾之子者，私義也。」問者悵然，罷軍不進，對齊王說：「魯未可攻也，匹婦之義尚如此，何況朝廷之臣乎？」

《列女傳》載，齊宣王時，有人鬥死於道，有兩個孩子立其傍。官吏審問，二子都說：「我殺之。」官吏上報給齊相，齊相不能決，又上報給齊宣王。王曰：「皆赦之，是縱有罪；皆殺之，是誅無辜也。其母必知其子之善惡，聽所欲殺活。」其母泣而對曰：「殺少子。」齊相說：「少子，人之所愛，今欲殺之，何也？」對曰：「少者，妾之子也；長者，前妻之子也。雖痛子，獨謂義何？」說完就泣不成聲了。齊宣王「美其義，皆赦二子，號曰『義母』」。

這二位婦女，為公義而舍私義，捨棄自己的親子，保全他人之子。這種高義，足以讓那些齷齪自私的鬚眉丈夫無地自容了。

禮

「禮」指「周禮」，是西周的政治制度和禮儀規定，主要有「吉、凶、軍、賓、嘉」五種。

吉禮講祭祀，主要是祭祀祖先宗廟、社稷、天地、日、月、星、山林、川澤等。比方祭祀宗廟要跳舞，天子八佾、諸侯六佾、大夫四佾，是不能踰越的。《論語‧八佾》載：「孔子謂季氏八佾舞於庭，是可忍也，孰不可忍也！」

凶禮多屬喪葬凶荒。上述喪葬風俗講到，晉文公「請隧」，是想享受周天子的葬禮，是嚴重越禮的行為。

軍禮是師旅操練、征伐之禮。《新序·義勇》載：「國君之旗齊於軫（車廂底部），大夫之旗齊於軾（車廂前供人憑依的橫木）。」楚國大夫司馬子期獵於雲夢，獵車上的旗幟拖到地上。芋尹文拔出劍來將旗幟斬斷了。

賓禮主要是天子與諸侯，以及諸侯之間的往來交際之禮。《史記·齊太公世家》載，齊桓公救燕伐山戎班師，燕莊公相送，不知不覺深入齊境。齊桓公說：「諸侯相送不出境，吾不可無禮於燕。」將燕莊公進入的齊地都割給了燕國，以表示燕莊公「不出境」。這不僅反映齊桓公遵守周禮，還顯示了古代山東人的慷慨大方。

嘉禮是飲食、婚冠、慶賀之禮。比方說古代貴族該冠而不冠即為非禮。上述服飾風俗中，子路說：「君子死，冠不免。」

周禮把西周的等級制、分封制、世襲制等所有的政治制度用禮樂表現和規定下來。一個貴族從生到死，從人事到祭祀，從日常生活到政治活動，以至於飲食起居、婚喪生老都處在與他身分等級相適應的禮中而不得僭越。它的作用就是維護貴族之間的等級秩序。它存在，西周王朝就存在。到春秋時，禮崩樂壞了，周天子就名存實亡了。比方現代軍隊將、校、尉軍官佩戴的星和槓，當這支部隊令行禁止、訓練有素時，軍官們穿幾個星、幾道槓的服飾非常嚴格，不得紊亂、僭越。如果大家都無視這一服飾禮儀，一個普通夥伕，穿著將軍服在軍營裡到處招搖過市，這支軍隊就已經是癱瘓了。表面上是服飾禮儀，實際上是軍隊的生命，這就是禮的內涵。

到了孔子，禮有以下幾方面的含義：

其一，禮是一種理想的政治目標，即「克己復禮」。孔子很會抓主要矛盾，就像剛才說的，貴族們在吉、凶、軍、賓、嘉各個方面都遵守周禮了，西周的統治也就恢復了。上述季氏、晉文公、司馬子期就是僭越周禮的罪魁，而痛斥季氏的孔子，以及齊桓公、芊尹文、子路，是恪守周禮的君子。

其二，禮是一種治國方略。上述業已述及。

其三，禮是日常生活中的行為規範和自覺意識。上述服飾風俗中，「君子不履絲屨」、「古之君子必佩玉」，都是君子應遵守的禮。三國管寧，嚴格遵守跪坐禮，「五十餘年，未嘗箕股」，也是恪守禮儀的典範。《孟子・離婁下》講：「仁者愛人，有禮者敬人。」《孟子・告子上》載：「恭敬之心，禮也。」

《論語・顏淵》中，孔子主張「約之以禮」、「非禮勿視，非禮勿聽，非禮勿言，非禮勿動。」即遵守行為規範，不得超越自己的等級名分。

《論語·雍也》中，孔子還描繪了君子外在的禮儀形象：「質勝文則野，文勝質則史，文質彬彬，然後君子。」意思是，質樸多於文采就顯得粗野，文采超過了質樸又流於虛浮，文采和質樸完美地結合在一起，才是君子。

智

智，孔子稱作「知」。如《論語·憲問》云：「知者不惑。」孟子稱作「智」。《孟子·告子上》云：「是非之心，智也。」智有如下含義：

其一，實事求是，不說謊。

《論語·為政》子曰：「由（子路），誨汝，知之乎？知之為知之，不知為不知，是知也。」知道就是知道，不知道就是不知道，這才是真正的智。

其二，知天、知禮、知言。

《論語·堯曰》子曰：「不知命，無以為君子也；不知禮，無以立也；不知言，無以知人也。」、「知命」即知天命。劉寶楠正義曰：「言天之所生，皆有仁、義、禮、智順善之心，不知天之所以命生，則無仁、義、禮、智順善之心，謂之小人。《大雅》曰：天生烝民，有物有則，民之秉彝，好是懿德。言民之秉德以則天地，不知所以則天，又焉得為君子乎？」孔子說自己「五十而知天命」，他說的天，是自然的天，道義的天。「知命」即掌握自然規律，順應自然規律，即前面講的「與天地合其德，與日月合其明，與四時合其序」；再就是「秉德以則天地」，遵守天所蘊含的「仁、義、禮、智順善之心」，亦即道義。這兩條都可稱之為「則天」。

《孟子·公孫丑上》曰：「何為知言？曰：『詖（ㄅㄧ、，偏頗，邪僻）辭知其所蔽（包藏），淫（淫美不信）辭知其所陷（沉溺、誣陷），邪（不正）辭知其所離，遁（躲閃、搪塞）辭知其所窮。』」孟子認為，「知言」、「知人」，是一種辨識是非善惡的能力，即上述「是非之心，智也」。

其三，具有審時度勢、明哲保身的智慧。

上述「有道則見，無道則隱」的蘧伯玉；「邦有道不廢，邦無道免於刑戮」的南容；「三思而後行」的季文子；既不「失言」又不「失人」的「知者」，以及《論語·憲問》中「時然後言」的公叔文子，都是君子「智」的典範。

其四，大智若愚。

前面《論語·公冶長》提到「甯武子邦有道則知，邦無道則愚。其知可及也，其愚不可及也。」意思是，國家有道時，他出謀劃策，非常聰明；當國家危難時，就裝傻。他的那種聰明，別人做得到，那種裝痴賣傻的勁兒，誰也趕不上他。甯武子是衛國大夫，《朱子集註》說他「以有道屬文公，以無道屬成公」，周旋於國君之側。孔子說的「愚不可及」，結合老子《道德經》第四十五章的「大成若缺」、「大盈若衝（虛）」、「大直若屈」、「大巧若拙」、「大辯若訥」，就會得出一種上乘境界的智慧概念：大智若愚。

《論語．雍也》中，孔子還指出了智者和仁者的個性特徵：「知者樂水、仁者樂山；知者動、仁者靜；知者樂、仁者壽。」

信

信是樹立君子形象的主要的道德因素。孔子講，「民無信不立」、「人而無信，不知其可也」、「與朋友交，言而有信」、「言必信，行必果」[139]。

《論語．顏淵》載子貢語曰：「惜乎夫子（指衛國大夫棘子成）之說君子也，駟不及舌。」鄭玄注曰：「過言一出，駟馬追之不及。」後來，演變為「君子一言，駟馬難追」。有個在橋下與女子約會，抱柱而守信的尾生，在戰國時期成為信的典範。

春秋魯國有個樂正子春，以「信」得到齊國人的高度信任。《韓非子．說林下》載，齊伐魯，索要魯國的讒鼎，魯人送去一件贗品，被退了回來，並說，讓樂正子春送來，我們就相信是真的。魯君找到樂正子春，子春對魯君說：「胡不

[139] 《論語》之〈顏淵〉、〈為政〉、〈學而〉、〈子路〉，載《諸子整合》，上海：上海書店，1986 年影印版。

以其真往也？」魯君說：「我愛之。」樂正子春說：「臣亦愛臣之信。」到西漢劉向的《新序·節士》，又把樂正子春的事蹟放在柳下惠身上，塑造了個講求誠信的柳下惠，情節大體一致，只不過把「讒鼎」說成了「岑鼎」。

《韓非子·外儲說左上》記載曾子殺豬立信的故事。曾子的妻子到市場去，其子隨之而泣。曾妻說：「別哭，回家給你殺豬吃。」回來後，曾子捕豬殺之。曾妻止之曰：「特與嬰兒戲耳。」曾子曰：「嬰兒非與戲也。嬰兒非有知也，待父母而學者也，聽父母之教。今子欺之，是教子欺也。母欺子，子而不信其母，非以成教也。」於是，曾子真的殺豬煮肉給兒子吃了。

孟母更是古代以信教子的典範。《韓詩外傳》卷九第一章載，孟子少時問母親：「東家殺豚何為？」孟母隨口說：「欲啖汝。」說完，她馬上意識到失言了，說：「吾懷妊是子，席不正不坐，割不正不食，胎教之也。今適有知而欺之，是教之不信也。」孟母果真到東鄰家買豬肉給兒子吃了。

中國的統治階級也講信。司馬光講：「王者不欺四海，霸者不欺四鄰；善為國者不欺其民，善為家者不欺其親。」[140] 接著，他列舉了四例統治者守信的典範：

[140] 《資治通鑑·周紀二·周顯王十年》，北京：北京古籍出版社，1956 年版。

齊桓公不背曹沬之盟。《史記．齊太公世家》載，齊桓公與魯莊公會於柯（今山東東阿境），魯人曹沬以匕首劫持齊桓公於壇上，逼其歸還侵地，桓公被迫應允。待曹沬放下匕首，回到原位，齊桓公又想反悔。在管仲的勸諫下，齊桓公兌現自己的諾言，得到天下諸侯的信服。

晉文公不貪伐原之利。《左傳．僖公二十五年》載，晉文公率晉師討伐晉國附近的原國（在今山西沁水），與將士們約定，只作戰三天，過了三天，無論勝敗都撤兵。圍攻了三天，晉文公果真就下令撤退。原國內的間諜傳出訊息說，原國就要投降了。將士們紛紛請求再堅持一會兒。晉文公說：「信，國之寶也。得原失信，如何取信於民？」結果退出一舍（30 里）之地，原國就投降了。

魏文侯不棄虞人之期。《戰國策．魏策一》載，魏文侯與虞人約好一起去打獵。到了那天，魏文侯與左右喝得正高興，天又下起了大雨。魏文侯不顧左右的勸阻，冒雨前去赴約。

秦孝公不廢徙木之賞。這個秦孝公實際是商鞅。《史記．商君列傳》載，商鞅變法前，樹三丈之木於城南門，懸賞說，有能徙木於北門者予十金。秦民皆怪之，沒有人敢徙。又懸賞說：「能徙者予五十金。」有一人徙之，果然得到了五十金。王安石〈商鞅〉詩稱讚說：「自古驅民在信誠，一言為重百金輕。今人未可非商鞅，商鞅能令政必行。」

在中國，「取信於民」、「君無戲言，官無悔筆」、「天子無戲言」[141]，成為幾千年統治經驗的共識。

在民間的俗文化活動中，包括商業交換、借貸、約定，主要是靠立言、盟誓、承諾、擊掌的方式進行，連中國的小孩也知道「拉鉤上吊，一百年不許要」。國際間不簽字的口頭協定（Gentlemen’s agreement），中國人翻譯成「君子協定」，都滲透著中國人特有的「信」的規範性。而西方人則主要靠字據、契約、合約，缺乏相互間的信任。中國人的這些道德選擇，雖然沖淡著人們的法律觀念，使忠誠善良的人一次次上當受騙，卻是以「信」、以「言必信，行必果」為人格信仰基礎的。

如果違背、否認自己的諾言，就是「食言而肥」，言而無信的小人。《左傳·哀公二十五年》載，魯國孟武伯、叔孫武叔、季康子等三桓專權，孟武伯嫉恨為魯哀公駕車的郭重，在宴席間當眾發問說：「何肥也？」魯哀公搶過話茬回答說：「是食言多矣，能無肥乎？」魯哀公意在挖苦三桓屢次說話不算數，用「食言而肥」進行嘲諷。

在《論語》各篇中，孔子反覆強調君子與小人不同的道德品格：

〈述而〉云：「君子坦蕩蕩，小人長戚戚。」

[141] 《史記·晉世家》，北京：中華書局，1959 年版。

〈子路〉云:「君子和而不同,小人同而不和。」君子待人和愛友善而不苟同,小人曲意逢迎而不和愛友善。

〈為政〉云:「君子周而不比,小人比而不周。」君子團結不勾結,小人勾結不團結。

〈衛靈公〉云:「君子求諸己,小人求諸人。」君子責求自己,小人責求別人。

〈子路〉云:「君子泰而不驕;小人驕而不泰。」君子宏泰自如而不驕,小人趾高氣揚而不自信。

〈憲問〉云:「君子上達;小人下達。」君子向上,通達仁義,小人向下,通達財利。

〈里仁〉云:「君子懷德,小人懷土;君子懷刑,小人懷惠。」君子心懷仁德,小人懷戀鄉土;君子心懷法度,小人心懷私利。

世俗社會所認同的君子的品格,實際上是儒家倡導的各種倫理道德素質的世俗化。凡寬厚待人、以德報怨、謙虛謹慎、言行一致、心胸坦蕩、忠實可靠、成人之美、見義勇為、百折不撓、不親女色、周窮救急、樂善好施等,都是君子的品格。反之,奸詐狡猾、反覆無常、口是心非、陽奉陰違、背信棄義、損人利己等所有不道德、不光彩、不坦蕩、齷齷齪齪的行為,都是小人。

總之,君子承擔著把儒家的全部倫理道德人格化、典型化和世俗化的功能，規範著人們把個體品格的完善當作本人的自覺意識和社會道德的必然要求。重來世天堂的西方宗教社會，創造了個神的最高偶像——上帝、佛、阿拉，重今生今世人際倫理的中國宗法社會，則創造了個「人」的最高偶像——君子。它是中國人民的傳統美德，又是沉重的道德包袱，還是社會發展、觀念更新的障礙。

（二）君子品格剖析

君子的品格及其君子與小人的界定，就其積極的作用來講，有以下三點：

首先，它珍視人際倫理，注重做人的道德和原則，高揚了人格、承諾、情義的神聖性和責任感，累積和加深了人間的真實、忠誠、信賴和安全感，展現了濃厚的人情味，減少了許多爾虞我詐、背信棄義、損人利己等罪惡和不道德的行為。透過君子與小人的界定，使每個人的品質、行為都得到無情的印證和鑑定。

其次，君子所具備的道德素質滲透到社會生活的各個領域，對傳統職業道德的形成產生了極大的影響，在古代職業道德中，無不浸透著君子的人格形象和做人的原則。

例如，做老師的要「傳道、授業、解惑」、「學而不厭，誨人不倦」；做軍人的要「馬革裹屍」、「執干戈以衛社稷，死不旋踵」；做官吏的要清正廉明、憂國憂民，「為官一任，造福一方」，都展現了君子的人格形象和歷史責任。中國的商人之所以在人格和心靈上長期受壓抑，就在於他們捨棄了君子的「義」，追求小人的「利」。即便是這樣，中國的商人仍有自己的君子品格和職業道德，那就是「君子愛財，取之有道」，講求「童叟無欺」、和氣生財、言而有信、貨真價實，沒有現在這麼多的假冒偽劣。現在的現象，起碼是一種舊道德的淪喪。

君子的品格，甚至影響到那些打家劫舍、殺人越貨的江洋大盜和黑社會集團，也形成了他們荒謬而合理的職業道德，即我們常講的江湖信義，「盜亦有道」。《莊子·胠篋》載，春秋戰國之際的盜蹠曾講，一個合格的大盜必須具備聖、勇、義、智、仁五種素質：「妄臆室中之藏，聖也；入先，勇也；出後，義也；知可否，知也；分均，仁也。五者不備而能成大盜者，天下未之有也。」那些殺人越貨的強盜是惡人而不是小人，小人沒有他們的膽氣，但也不是君子，因為他們走的不是正道。用君子品格、職業道德來界定他們，難免有褻瀆之感，但他們確有來自君子品格影響的江湖道義和規則。如「驚大孝必觸鬼神」[142]，「受人錢財，替人消災」，「兔子不吃窩邊草」等等。

第三，君子注重人的氣節、社會責任和歷史使命，激勵著無數志士仁人為了國家、民族而立事立功，甚至是從容犧牲。

戊戌變法失敗，人們把慷慨就義的譚嗣同等人稱作「六

[142] 《後漢書·列女傳》，北京：中華書局，1965 年版。

君子」。從他們身上都可以看出君子品格的崇高和偉大，都閃爍著理想人格的光輝。

然而，對君子的觀念又不能單方面地全面肯定，它又有著諸多消極的作用。

第一，君子的理想人格把人作為組織、裁量的對象，像一張無形的羅網把中國人的身心緊緊地束縛住，使人們時刻把道德、人格放在物質功利、個性追求之上，並作為判定一切的標準，淹沒了人們的獨立個性和自我意識。

君子在思想上生活得並不輕鬆，君臣、父子、師長、主僕、朋友等依附關係，以及人情世故、家庭倫理、等級觀念，壓得他們透不過氣來，不得不放棄個性，追求這精神上空洞的高尚。從這個意義上講，魏晉士族、玄學家否定名教，要求「越名教而任自然」，從不同的角度尋找被名教淹沒了的自我，還復人的自然本性，就有了積極的意義。他們蔑視綱常名教、追求財富、信口雌黃、玩世不恭，甚至裸體狂歡，固然放棄了個體品格的自律，導致了社會風氣的失控，卻是對綱常名教，對君子品格束縛的挑戰和發洩，顯示了一種普遍覺醒的自我意識。

其二，君子與小人的觀念是一種建立在小農經濟上的道德意識，它與趨新、變更、開放、競爭等商業意識格格不入，塑造了一批批迂腐而不知權變，未老而先衰的謙謙君子，極大地束縛了中國人的競爭意識和生存能力。

中國的農民被固定在土地上，年復一年，春播秋獲，往往會墨守成規，最多會產生循環的思想。農民用不著山南海北奔波，祖祖輩輩居住在同一個地方，又形成了封閉意識和內向心態。莊稼長得好壞，彼此間都無影響，更沒有競爭意識。人際圈子也相當狹窄，而且都是世代交往。這一切都決定了他們在人際關係的道德選擇上，必然是仁、義、禮、智、信。

工商業則相反，他們要根據行情和銷路變換商品的樣式和種類，必然要有趨新、變更意識。商人的足跡遍天下，使他們有了開放和外向的要求。工商業者經營好了，馬上給同行造成威脅，「同行是冤家」，商場如戰場，必須具有競爭意識。所有這一切，反映在人際關係上，自然是另一種道德選擇：沒有永恆的朋友，只有永恆的利益。商人在討價還價時，沒有一個一言九鼎的君子。

這種趨新、變更、開放、競爭意識，不僅使管仲、子貢、范蠡等商人成為時代的驕子，而且使「長於權變」的，以蘇秦、張儀為代表的縱橫家「朝為布衣，夕為卿相」，以遊說諸侯而顯名。以「詭道」、「善戰」為特徵的兵家思想，也來自商業文化的薰陶。齊國是工商業文化氛圍最濃厚的國家，管理齊國工商業的陳公子完的後代，出現了孫武、司馬穰苴、孫臏、田單等著名的軍事家。在春秋戰國那個強力抗爭的時代，就是這些善於權變，崇尚「詭道」，不講仁、義、禮、智、信的識時務者，成為駕馭時勢的英雄，反映了他們強大的生存能力。北宋哲學家邵雍〈戰國吟〉描述了他們轟轟烈烈的輝煌：

廉頗白起善用兵，蘇秦張儀善縱横。
朝為布衣暮衣卿，昨日鼎食今鼎烹。

而孔子、孟子也生活在那個時代，儘管他們滿懷「克己復禮」、「兼善天下」的政治熱情，也設計出了一整套齊家治國平天下的方案，非但沒能將自己的學說付諸社會實踐，本人也成為周遊列國的「流浪者」。

其三，君子的品格有很大的虛偽性，2,000 年來一直是勝利者、成功者的裝飾品。

歷代封建統治者都以儒學為治國思想。然而，他們當中以臣弒君、以子弒父、以弟弒兄的骨肉相殘比比皆是。每位成功的政治家又都是陰謀、權術的高手。在君子品格的掩護下，財富、權勢、慾望、貪婪、狡黠自私、陰險毒辣等罪惡不斷地累積和增加，只要是勝利者、成功者，仁、義、禮、智、信不但不敢指責他，反而要為他們服務了。民間叫做「勝者王侯敗者賊」，莊子叫做「竊鉤者誅，竊國者為諸侯，侯之門而仁義存焉」[143]。

[143] 〈莊子・胠篋〉，載《諸子整合》，上海：上海書店，1986 年影印版。

第三節
儒家的孝道

孝道是儒家思想滲透、流動於中國社會生活中最鮮明的風俗之一。它是家庭倫理的核心，社會道德的基礎，仁學結構的血緣根基，君子修身、齊家、治國、平天下必備的道德素質。

《孝經‧三才章》載孔子語曰：「夫孝，天之經也，地之義也，民之行也。」

《論語‧學而》云：「君子務本，本立而道生，孝弟（悌）也者，其為人之本與。」

曾子認為，孝是放之四海而皆準的真理：「推而放諸東海而準，推而放諸西海而準，推而放諸南海而準，推而放諸北海而準。」[144]

[144] 〈禮記‧祭義〉，載《十三經註疏》，北京：中華書局，1980 年影印版。

因此，孝是儒家教化的根本。《說文八上．老部》載：「孝，善事父母者。從老省，從子，子承老也。」《說文三下．攴部》載：「教，上所施，下所效也。從攴，從孝。」《孝經．廣要道》載：「子曰：教民親愛，莫善於孝；教民禮順，莫善於悌；移風易俗，莫善於樂；安上治民，莫善於禮。」

為了維護父家長傳統的等級制度，孔子極力突出「孝悌」、「親親尊尊」思想。「其為人也孝悌，而好犯上者，鮮也；不好犯上而好作亂者，未之有也」[145]。他不僅把孝作為人格修養的根本，還把它推延到親族、社會和政治，又經過歷代儒學家們層層加碼，孝由人類血緣間的自然親情成為統治者治國平天下的倫理工具，從而形成了中國幾千年根深蒂固的孝文化意識。

一、孝道的基本內容

《孝經．聖治章》載：「親生之膝下，以養父母日嚴（敬）。」《孝經．紀孝行章》載：「子曰：孝子之事親也，居則致其敬，養則致其樂，病則致其憂，喪則致其哀，祭則致其嚴。」

[145] 〈論語．學而〉，載《諸子整合》，上海：上海書店，1986 年影印版。

（一）生事奉養

《禮記·曲禮上》載：「凡為人子之禮，冬溫而夏凊，昏定而晨省。」

冬溫夏凊，是講為人子者冬天要為父母溫席，夏天為父母致涼。東漢黃香，9歲為父母溫席。《三字經》講：「香九齡，能溫席。」《十六國春秋》載，吳猛7歲時，怕蚊子叮咬父母，脫光衣服伏在父母床下，都是冬溫夏凊的典型。

古人強調黃香溫席和吳猛「恣蚊飽血」的現代價值是：嬰幼兒可以暫時不承擔贍養父母的全部義務，但不能沒有孝敬父母的意識，不能逃避孝文化的教育和薰陶，不能沒有力所能及的孝敬父母的行為。

昏定晨省，即晚上為父母定衽席，服侍就寢，早上探視，向父母問安。

在飲食方面，對父母要「問所欲而敬進之」[146]。《晉書·王祥傳》載，西晉王祥「性至孝，早喪親，繼母朱氏不慈，數譖之。由是失愛於父，每使掃除牛下，祥愈恭謹。父母有疾，衣不解帶，湯藥必親嘗。母常欲生魚，時天寒冰凍，祥解衣將剖冰求之。冰忽自解，雙鯉躍出，持之而歸。母又思黃雀炙，復有黃雀數十入其幕，復以供母。鄉里驚嘆，以為孝感所致焉。」這就是二十四孝中「王祥臥冰求鯉」的故事。東漢

[146] 〈禮記·內則〉，載《十三經註疏》，北京：中華書局，1980年影印版。

姜詩母好飲江水，其妻每天到六七里外的江中汲水。後因遇風回來晚了，被姜詩趕出家門，住在鄰居家。每日紡織買美味，讓鄰居送給其姑吃。其姑深受感動，將她接回家。其家忽有湧泉，味如江水，每早有二鯉躍出。赤眉軍路過姜詩門說，「驚大孝必觸鬼神」[147]，留下米肉，弭兵而過。在《女二十四孝》中稱「姜詩妻紡織養姑」。二十四孝中，子路負米、丁蘭刻木、孟宗哭竹等，都是這方面的典型。

孝感動天

嚙指痛心

親嘗湯藥

百里負米

[147] 《後漢書 · 列女傳》，北京：中華書局，1965 年版。

蘆衣順母

賣身葬父

鹿乳奉親

刻木事親

戲綵娛親

行傭供母

懷橘遺親

拾椹異器

為母埋兒

湧泉躍鯉

扇枕溫衾

聞雷泣墓

乳姑不怠

扼虎救父

臥冰求鯉

哭竹生筍

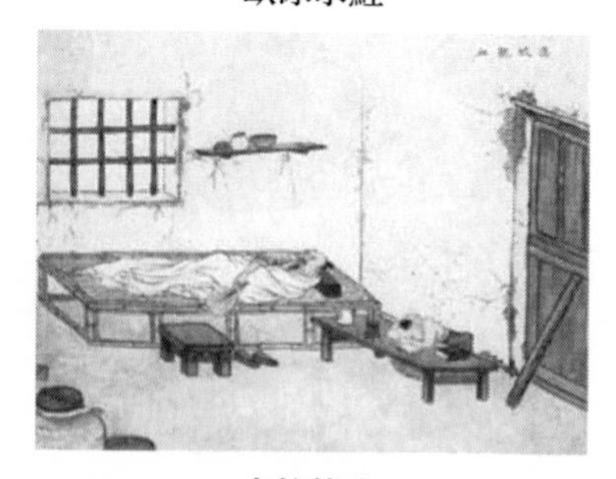

恣蚊飽血

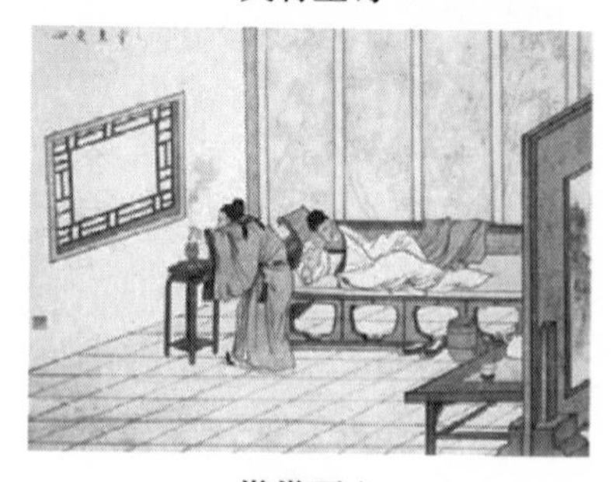

嘗糞憂心

棄官尋母　　滌親溺器

清代陳少梅繪《二十四孝圖冊》

做飯時，酸、甜、苦、辣、鹹要對舅姑的口味。唐朝詩人王建〈新嫁娘〉云：「三日入廚下，洗手作羹湯。未諳姑食性，先遣小姑嘗。」

飯做好後，要端給父母，端上來就走不行，見父母開始吃了才能退下。《禮記．內則》講：「父母舅姑必嘗之而後退。」、「與恆食飲，非餕莫之敢飲食。父母在，朝夕恆食，子婦左餕。」古人吃朝、夕兩餐，稱作「恆食」。「餕」是吃剩飯。《禮記．曲禮》叫「父子不同席」。現在的「不同席」是不在同一酒桌上，其實是兒子得等父母吃完了以後才能吃。

父母有病，子女要憂愁侍疾，親嘗湯藥。《禮記．曲禮》載：「君有疾飲藥，臣先嘗之；親有疾飲藥，子先嘗之。」漢文帝親自為母親薄太后嘗湯藥，是二十四孝中侍疾的典型。《梁書．孝行傳》載，南朝齊庾黔婁為父親嘗糞驗疾，若味苦，父病可治，不料味甜，月底父死。在二十四孝中叫「嘗糞心憂」，更是極端的「病則致其憂」的典型。

在日常生活中的禮節等方面還有：

《禮記‧內則》載：「在父母舅姑之所……不敢噦噫（ㄩㄝ ㄧˋ，嘔吐）、嚏咳、欠伸、跛倚（ㄅㄧˋ ㄧˇ，單腿依靠）、睇（ㄉㄧˋ）視（斜視），不敢唾洟（ㄧˊ，唾痰流鼻涕），寒不敢襲（衣上加衣），癢不敢搔。」

《禮記‧曲禮上》云：「為人子者，居不主奧（西南隅），坐不中席，行不中道，立不中門」、「夫為人子者，出必告，反（返）必面，所遊必有常」、「父母存，不許友以死。」

《論語‧里仁》云：「子曰：父母在，不遠遊，所遊必有方。」

（二）送終盡孝，葬親以禮

《孟子‧滕文公上》引曾子語曰：「生事之以禮，死葬之以禮，祭之以禮，可謂孝矣。」

許多孝子因為父母喪，往往多日不吃不喝。孔子認為，父母喪「三日而食，教民無以死傷生」、「喪不過三年，示民有終也」[148]。後世為了博取孝子的美名，變本加厲。北魏趙

[148] 〈孝經‧喪親章〉，載《十三經註疏》，北京：中華書局，1980 年影印版。

琰父母喪，終身不食鹽及調味品，僅食麥而已。北魏李顯達喪父，「水漿不入口七日，鬢髮墮落，形體枯悴」[149]。《北史 · 崔逞傳》稱：「崔九作孝，風吹即倒。」說的是北魏崔子約，為母親守孝柴毀骨立，被風一吹就倒。其實，這都不是孔子的本意。關於喪葬、守制、祭祀，請參見第八章喪葬風俗。

（三）不違父母之命

《論語 · 為政》載，孟懿子問孝，孔子曰：「無違。」就是說，子女在婚姻、仕宦、日常生活的各方面要聽命於父母。對父母的錯誤，孔孟並不像後來理學家那樣蠻橫，也沒提倡後來的「天下無不是的父母」[150]，而是主張諫諍。孔子在《孝經 · 諫諍章》中強調：「父有爭子，則身不陷於不義。故當不義，則子不可不爭於父。」孟子的三不孝也有「阿意曲從，陷親不義」一條。

孔孟提倡不違父母之命，但對父母不義的行為不能盲從，要進行諫諍。諫諍不從，還得服從。《禮記 · 曲禮下》曰：「子之事親也，三諫而不聽，則號泣而從之。」

對待父親的責打，也沒有後來「父叫子死，子不死不孝」的愚孝，而是比較靈活、現實。孔子對待曾參的態度就

[149]　《魏書 · 孝感傳》，北京：中華書局，1974 年版。
[150]　朱熹：《小學 · 嘉言》，北京：中國華僑出版社，2012 年版。

是這樣。《說苑》[151] 載，曾參在瓜地裡鬆土，不小心傷了瓜苗。其父曾皙拿起大杖將曾參擊昏在地，曾參甦醒過來後，不但不怨恨，還問父親累著沒有。孔子知道後大怒，對弟子說，曾參來了，不要讓他進門。「曾子自以無罪，謝孔子」，孔子曰：「小箠則待，大箠則走。今子委身以待暴怒，殺身以陷父不義。不孝孰是大乎？」

《說苑》還記載了二十四孝中另一個受父母責打的故事，叫「伯逾泣杖」。「伯逾有過，其母笞之，泣。(母)曰：『他日未嘗泣，今日何泣也？』對曰：『逾他日得笞，常痛。今母力衰，不能使痛，是以泣也。』」伯逾不僅順從母親的笞打，還因母親年老力衰，打得不痛而哭了。

（四）幹父之蠱

幹父之蠱，亦稱「幹蠱」，指能繼承父親的遺志，完成父親的未竟之業。

《周易．蠱》稱：「幹父之蠱，意承考也」。王弼注曰：「幹父之事，能承先軌，堪其任者也。」孔穎達疏曰：「凡堪幹父之事，不可大小損益，一依父命，當量事制宜，以意承考而已。」

《論語．學而》載，子曰：「父在，觀其志；父沒，觀其

[151] 《太平御覽》卷四一三〈人事部五四．孝中〉引，北京：中華書局，1960 年影印版。

行；三年無改於父之道，可謂孝矣。」意思是，父親活著，能約束子女的行為，需要觀察他的志向、願望；父死，子女能隨心所欲、自作主張了，應看他的行為。如果父親過世三年了，仍然遵從先父的教誨、遺志，就是真孝了。

《論語 · 子張》載，曾子曰：「吾聞諸夫子，孟莊子之孝也，其他可能也，其不改父之臣，與父之政，是難能也。」意思是，我聽老師說，孟莊子的孝，有些可以做到，但他不更換父親舊臣，不改變父親的政治措施，是別人做不到的。

孔子主張父有諍子，孟子反對「阿意曲從」。「三年無改於父之道」，並不是說「父之道」無論對錯都得盲從，而是「量事制宜，以意承考」。鯀用堵塞、攔截的模式治水，大禹改為疏匯入海，只是方法的改變，但沒改變父親治水的遺志。大禹是古代「幹父之蠱」的孝子典範。

（五）子為父隱

孔孟既主張不違父母之命，主張父有爭子，當父親真正做出不義之事時，又主張子為父隱，都是從維護父母的名聲出發的。

《春秋穀梁傳 · 隱西元年》載：「孝子揚父之美，不揚父之惡。」

《論語 · 子路》載孔子語曰：「父為子隱，子為父隱，直在其中矣。」

孔子寫《春秋》，創造了三諱事例，「為尊者諱，為賢者諱，為親者諱」[152]，即為他們隱惡揚善。

《呂氏春秋．當務》載，楚國有直躬者，其父偷了人家的羊，直躬告官。楚王準備誅殺其父，直躬又請求代父受死。有官吏對楚王說，父竊羊兒子告官是信，父遭誅兒子替死是孝，既信且孝的人都被誅殺，國內還有不被誅殺的人嗎？楚王便赦免了他們父子。孔子聽後說：「直躬之信，不若無信。」所以，孔子認為，父親做了壞事，兒子就要為父隱瞞，決不能大義滅親，也不能犧牲父親來換取自己的名聲。

可見，儒家雖然倡導「天下為公」，強調「無偏無黨」，卻沒衝破宗法血緣的局限，在尊親面前，它不僅使人的道德是非觀念失衡，甚至干擾了古代法律應有的公正。中國古代法律中的「親親相隱不為罪」、「親不為證」，就是受到儒家「子為父隱」的影響。

幾千年「子為父隱」的傳統風俗，使中國的兒女有一種維護父母聲譽的本能意識。父母的形象在子女的眼裡一般是高大的，甚至生理缺陷也不容別人評頭論足，中國俗語叫「孩不嫌母醜，狗不嫌家貧」。

[152] 〈公羊傳．閔西元年〉，載《十三經註疏》，北京：中華書局，1980 年影印版。

（六）避父祖名諱

為了表示對君父的恭敬，古人還要避君父的名諱。不僅不能當面直呼其名諱，在任何場合下，遇到其名諱都要避開。

先秦時的避諱並不太嚴格。《禮記 · 曲禮上》記載的避諱原則有：

「不諱嫌名，二名不偏諱。」即同音字不諱，「禹」與「雨」音聲相近，可不避。兩個字的名，單獨出現一個字時，可以不避。孔子母名「徵在」，孔子只是不講「徵在」，而「徵」或「在」則可單獨講。如《論語 · 八佾》載，子曰：「夏禮吾能言之，宋不足『徵』也。」

「君所無私諱。」、「君前臣名。」即在國君面前可以不避父親的名諱。《左傳 · 成公十六年》載，晉楚鄢陵之戰，欒針為晉厲公車右，戰車陷入泥潭，欒針的父親欒書驅車過來，想讓晉厲公上自己的車，欒針大叫：「書，退！」勇敢地把車扛了出來。

「廟中不諱。」鄭玄注曰：「為有事於高祖，則不諱曾祖以下，尊無二也，於下則諱上。」

「詩書不諱，臨文不諱。」即讀詩書，寫文章不必避諱。

為了不冒犯人家的忌諱，《禮記 · 曲禮上》還強調：「入竟（境）而問禁，入國而問俗，入門而問諱。」

東晉桓溫之子不言「溫酒」[153]，「梁武小名阿練，子孫皆呼練為絹」[154]，這是正常的避父名諱。秦漢以後，隨著孝道的強化，避諱也日趨嚴格，甚至十分荒唐。

《顏氏家訓·風操》載，南朝陸閒被斬首，其子陸襄終身不用刀切割蔬菜，「以掐摘供廚」。「江陵姚子篤，母以燒死，終身不忍噉炙」。顏之推說：「親以噎死，亦當不可絕食也。」

重陽節吃糕，糕與「高」同音，唐朝袁高的兒子袁師德因避父諱，不忍食糕。[155] 韓愈〈諱辯〉載，唐詩人李賀父名「晉肅」、「晉」與進士的「進」同音，與李賀爭名者攻擊說：「賀父名晉肅，賀不舉進士為是。」李賀因此不敢應試進士。韓愈指責說：「父名晉肅，子不得舉進士，若父名仁，子不得為人乎？」

《唐律》中規定：凡官職名稱或府號犯父祖名諱，不得「冒榮居之」。例如父親名「安」，子孫不得在長安縣任職；父祖名「常」，不得任太常寺的官職。如果本人不提出更改而任職，一經查出，削去官職，並服刑一年。

---

[153] 〈世說新語·任誕〉，載《諸子整合》，上海：上海書店，1986 年影印版。
[154] 〈顏氏家訓·風操〉，載《諸子整合》，上海：上海書店，1986 年影印版。
[155] 《古今圖書整合·歲功典·重陽部》引《嘉話錄》，北京：中華書局，成都：巴蜀書社，1985 年版。

元人姚桐壽《樂郊私語》[156] 載，詩人陳彥廉因父親溺死海中，和大海結為仇敵，終身不至海上。好友黃子久約他到海上觀波濤，陳彥廉哭著說：「陽侯（波濤之神）我父仇也，恨不作精衛填海。」這個黃子久還真夠朋友，拉著陳彥廉就往回走，並寫〈仇海賦〉幫朋友洩憤。

寫到這裡，筆者也困惑了：「這都是哪兒跟哪兒啊？」

「詩書不諱，臨文不諱」的古訓早已扔到腦後。司馬遷的父親叫司馬談，《史記》中因此無一「談」字，連趙談都改成了趙同，後人看來是正常的避諱，但卻也違背了「臨文不諱」的原則。唐宋以後，有人為了避父諱，讀書遇到父親的名諱，乾脆改讀「爹爹」。元朝人仇遠的《稗史》載，有一人父名「良臣」，將《孟子．告子下》中「今之所謂良臣，古之所謂民賊也」，讀為「今之所謂爹爹，古之所謂民賊也」，惹得別人哄堂大笑。

現代中國社會，仍沒有對父母尊長直呼其名的習慣，因為這樣既不敬又不孝。西方國家的小孩都可以對父母直呼其名，而且顯得很親熱。中國人不僅自己不直呼，甚至同事、朋友直呼自己父母的名諱，聽著也不自在。聽到別人稱令尊、尊翁、令堂，則感到很舒服。

[156] 《古今圖書整合．家範典．父子部．紀事九》引，北京：中華書局，成都：巴蜀書社，1985 年版。

（七）父兄之仇，不共戴天

《禮記 · 曲禮上》載：「父之仇，弗與共戴天；兄弟之仇，不反（返）兵。」

《禮記 · 檀弓上》載：「子夏問於孔子曰：『居父母之仇，如之何？』夫子曰：『寢苫、枕干、不仕，弗與共天下也。遇諸市朝，不反兵而鬥。』曰：『請問居昆弟之仇，如之何？』曰：『仕弗與共國，銜君命而使，雖遇之不鬥。』曰：『請問居從父昆弟之仇，如之何？』曰：『不為魁，主人能，則執兵而陪其後。』」

這兩段的意思是一致的：父之仇，不共戴天，睡在苫草上，枕著武器，不出仕做官，做一個專業復仇者，即便在公門或鬧市也要格殺仇人。兄弟之仇，隨時佩帶武器，不和仇人共仕一國，有君命在身，遇到仇人不可上前報仇，以免貽誤君命。伯叔父、堂兄弟之仇，不做復仇的魁首，若其子弟能為父兄報仇，則拿著武器跟在後面吶喊助威。朋友之仇，不共仕一國。

春秋楚平王殺伍子胥之父，伍子胥矢志報仇，終於引吳國軍隊攻入楚都，掘開楚平王的墳墓，鞭屍三百。《晉書 · 桓溫傳》載，東晉江播曾參預殺害桓溫之父，桓溫 18 歲時，將江播的三個兒子全部殺死，受到時人的讚賞。

《舊唐書 · 孝友 · 王君操傳》載，隋朝大業年間，王君操之父與鄉人李君則鬥毆被殺。王君操時年六歲，其母劉氏告到縣裡，李君則棄家亡命，追捕數年未果。隋亡唐興，李君則覺得已經改朝換代，法律不會制裁了。又見王君操孤幼，不會有復仇的想法了，遂到州府投案自首。誰知王君操把刀藏在衣袖裡，突然抽刀把李君則殺死，剖腹「取其心肝，啖食立盡」，然後到州府自首。州裡的司法官說：「殺人償死，律有明文，自動投案也難求生路。」王君操置生死於不顧，回答說：「亡父被殺，二十餘載不得報。聞諸典禮，父仇不可同天……今大恥既雪，甘從刑憲。」州司依法判王君操死刑，唐太宗卻「特詔原免」。

這種「殺父之仇，不共戴天」的觀念，使雙方一旦結仇，將世世代代冤冤相報，世俗社會叫做「父債子還」。在過去，村寨、宗族間的仇殺、械鬥世代不休，也是出於孝道。1912 年 6 月 10 號的《民立報》有一篇〈大傷人道之械鬥〉的報導，廣東「惠州甲子步寮仔鄉宏、簡二姓械鬥，兩方傷亡之人共逾百數……日前，簡姓有一少婦為宏族所獲，輪姦既畢，遂並其肉烹而啖之。簡族知之，亦以此法相報，其肉之供於砧上者，不下十人。簡姓擒獲宏姓一七十歲之老翁，以充刀俎，洵慘無天日矣。」

甚至是在父母和丈夫、妻子只能選擇一方的時候，為了孝也得選擇父母。《左傳．桓公十五年》載，鄭國祭仲專權，鄭厲公派祭仲的女婿雍糾殺掉祭仲。祭仲的女兒問母親說：「夫與父孰親？」其母說：「人盡夫也，父一而已。」因此，祭仲女向父親告發了自己的丈夫，結果雍糾被殺死。

（八）不毀傷髮膚

《孝經．開宗明義》載：「身體髮膚受之父母，不敢毀傷，孝之始也。」

《論語．泰伯》載：「曾子有疾，召門弟子曰：『啟予足！啟予手！《詩》云：戰戰兢兢，如臨深淵，如履薄冰。而今而後，吾知免夫。』」曾子病危，還記掛著讓弟子掀開被子，看看自己的手足是否有所損傷。並說，我按《詩經》上講的，如臨深淵，如履薄冰，小心謹慎，避免損傷身體，能夠對父母盡孝。從今以後，可以永遠避免毀傷髮膚的事了。東漢王充《論衡．四諱篇》講：「曾子重慎，臨絕效全，喜免毀傷之禍也。」說的就是這件事。

曾子臨終，不以死而悲傷，反倒以避免毀傷髮膚而高興，後來叫「啟手啟足」，或者「啟手足」，意思是一生完好無損。《晉書．陶侃傳》載：「臣年垂八十，位極人臣，啟手啟足，當復何恨！」唐詩人白居易〈故滁州刺史贈刑部尚書滎陽鄭公墓志銘〉云：「逮啟手足，卒如其志。」從這些引文中可以看出，不毀傷髮膚是多麼重要。

西漢司馬遷受刑後，絕望地說：「亦何面覆上父母丘墓乎？」[157] 東漢王充《論衡．四諱》稱，「俗有大諱四」，其二日「被刑為徒，不上丘墓」。原因是毀傷了髮膚，「慚負先人」、「先人責之」。

這一傳統觀念直接影響到古代男子的服飾風俗，蓄髮、留鬚，不得絲毫損傷。甚至婦女穿耳附珠，也曾經引起古人爭議。清初「薙髮令」，之所以遭到漢族人民的英勇反抗，原因也在此。

（九）揚名聲、顯父母

《孝經．開宗明義》稱：「立身行道，揚名於後世，以顯父母，孝之終也。」《三字經》把這一內容貫徹到世俗社會，叫做「揚名聲，顯父母」。古代中國人的經世觀念講究立身揚名，不辱沒祖先，否則為不孝。秦末項羽入關以後，有人勸他以關中為都，稱霸諸侯，項羽拒絕說：「富貴不歸故鄉，如衣繡夜行。誰知之者。」[158] 古代官吏迴避本籍，能做本地的地方官，稱作「衣錦晝行」、「衣錦還鄉」。《舊唐書．姜謩（ㄇㄛˋ）傳》載，唐高祖封姜謩為秦州刺史，並說：「衣錦還鄉，古人所尚，今以本州相授，用答元功。」所以，古人有了功名，都要歸家祭祖，禱告先人，以光宗耀祖，這本身就是孝。

[157] 《漢書．司馬遷傳》，北京：中華書局，1962 年版。
[158] 《史記．項羽本紀》，北京：中華書局，1959 年版。

東漢陳寔和兒子陳元方、陳季方，孫子陳群、陳忠都是「孝子揚父之美，不揚父之惡」的典範。《世說新語．德行》載，陳元方的兒子陳群、陳季方的兒子陳忠各自誇耀自己父親的功業品德，都說比對方的父親強，吵了半天，也沒爭出個勝負。他們跑到爺爺陳寔那裡，非要老爺子評判出個軒輊高下。這下難壞了陳寔，兩個兒子本來就在伯仲之間，陳寔同樣得意，同樣讚賞，只好感嘆說：「元方難為兄，季方難為弟。」意思是，你們的父親不分上下，老大難排第一，老二難排第二。

成語「難兄難弟」即出於此，本意是兩物並美，難分高下。清代思想家魏源〈二室行〉詩：「太室之勝山內藏，少室之奇山外仰。難弟難兄孰相讓？」後來，「難兄難弟」竟舛訛為「共患難的人」，或者是比「一丘之貉」的程度稍輕一點的貶義詞了。

二、孔孟孝道的基本特徵

（一）強調子女對父母的「敬」和「色養」

《論語．為政》載，孔子弟子子游問孝，子曰：「今之孝者，是謂能養。至於犬馬，皆能有養，不敬，何以別乎？」子夏問孝，子曰：「色難。有事，弟子服其勞。有酒食，先生（父兄）饌，曾是以為孝乎？」

孔子認為「敬」和「養」相比，「敬」才是孝的根本，也是人和禽獸的區別。僅僅是在物質上滿足父母，還稱不上孝，重要的是要有一顆恭敬之心，使父母在衣食無憂的情況下，得到人格的尊重和精神上的慰藉。孔子強調：孝不能單從有勞作年輕人多幹，有酒飯讓年長者先吃，這樣的層面考慮，而是要和顏悅色地承順父母，這才是最難做到的，所以叫「色難」。後來，把人子和顏悅色奉養父母，或承順父母稱作「色養」、「盡色養之孝」。《世說新語 · 德行》載：「王長豫為人謹順，事親盡色養之孝。」

《論語 · 里仁》中，孔子還講：「父母之年不可不知也。一則以喜，一則以憂。」從「敬」、「色養」出發，孔子強調，子女要多關心父母，看到父母健康長壽應該知道喜，看到父母衰老多病應該知道憂。

孔子強調的「敬」、「色養」、「喜」、「憂」是非常有實際意義的。世上的確有許多人整天對父母耷拉著一張臭臉，讓父母吃冷眼飯。儘管也在贍養父母，但精神上對父母是一種折磨和摧殘。世上也的確有人對老父老母的病痛不聞不問，而自己的寵物狗稍有不適，夫妻倆趕緊駕車去寵物醫院的現象。這不讓天下父母寒心麼？

孟子把孔子的「色養」發展為「養志」，或者叫「養心」。《孟子 · 離婁上》載：「若曾子，則可謂養志也。事親若曾子者，可也。」即在吃好喝好的同時，還要滿足雙親的精神意願，讓他們心情舒暢。東漢桓寬《鹽鐵論‧孝養》載：「故上孝養志，其次養色，其次養體。」蘇軾〈賜正議大夫同知樞密院安燾乞外郡不許批答〉之一載：「夫榮親莫大於功名，養志不專於甘旨。」

孟子「養志」的思想，是對孔子「色養」的積極繼承，成為儒家孝道的重要內容。《新唐書‧穆寧傳》載：「君子之事親，養志為大。」北宋詩人林逋（ㄅㄨ）《省心錄》講：「子之事親不能承顏養志，則必不能忠於君上。」

二十四孝中的老萊子戲綵娛親就是這方面的典型。師覺授《孝子傳》[159] 載：「老萊子者，楚人，行年七十，父母俱存。至孝蒸蒸，常著班蘭（斑爛）之衣，為親取飲。上堂腳跌，恐傷父母之（心），因僵僕為嬰兒啼。孔子曰：『父母老，常言不稱老，為其傷老也。老萊子可謂不失孺子之心矣。』」

明人祝允明《枝山前聞》[160] 載，蘇州有一個沈隱君，經常接濟一個姓沈的中年乞丐。這個乞丐每次得到接濟的食物，或者討來食物從來不吃，都放到一個竹筒中。沈隱君起

[159] 《太平御覽》卷四一三〈人事部五四‧孝中〉引，北京：中華書局，1960 年影印版。

[160] 《古今圖書整合‧家範典‧母子部‧紀事七》引，北京：中華書局，成都：巴蜀書社，1985 年版。

初沒在意，時間長了就詢問這個乞丐，回答說：「將以遺老娘耳。」沈隱君派人跟蹤檢視，看到的情景讓他大吃一驚：乞丐走到河岸邊，坐到地上，拿出竹筒裡的食物，一樣一樣擺放整齊，擎到船邊。小船雖然簡陋，但很乾淨，有一老婦人坐在裡面，是乞丐的母親。乞丐登舟擺上食物後，又拿出酒，跪著端給母親。母親接過酒，這乞丐竟然一邊翩翩起舞，一邊高聲唱山歌，作嬉笑以樂母。母親把食物吃光了，他再到別處乞討，如果討不到，就挨餓，堅決不肯先吃。祝允明評論說：「此非有為而為，可謂真孝矣。」

這個故事太感人了，一個乞丐竟然恪守儒家「承顏養志」的孝道，苦中作樂，讓母親過著貴族「鐘鳴鼎食」的歡樂生活。現代有句歇後語叫「叫化子唱歌，假快樂」，而這個故事中的「叫化子唱歌」，謎底則應該是「真孝母」。

（二）孝是一種天倫之樂，一種愉悅的感覺

孟子是性善論的倡導者，這裡涉及一個很重要的哲學認識論問題：孝究竟是人類一種本能的、天生的自然天性，還是後天產生的呢？

明代學者徐學謨在《歸有園麈談》[161] 中認為孝是後天產生的：「孩提之童無不知愛其親，似矣，假令易乳而食，

[161] 《古今圖書整合．家範典．母子部．雜錄》引，北京：中華書局，成都：巴蜀書社，1985 年版。

能自識其親母乎？」筆者贊成孝是後天產生的觀點，然而人體除了有視覺、聽覺、嗅覺、味覺和觸覺五個基本感覺外，還具有意念力或精神感應，生理學家叫做人體的「第六感覺」，又稱超感覺力。據說，當嬰兒還處在母體內時，大腦神經元系統就已深刻地記錄著母親大腦神經元的頻率，當母親遇到緊急、恐懼的狀況時，整個大腦神經元系統會瞬間迸發出大量表示著恐懼意識的光粒子字元碼，以獨有的頻率向周圍輻射，身在千里甚至萬里之外的兒女能接收並辨識出這個與生俱來再熟悉不過的字元碼頻率，從而能模糊地判斷出母親的危機。

東漢王充《論衡·感虛》載：「曾子之孝，與母同氣。曾子出薪於野，有客至而欲去。曾母曰：『願留，參方到。』蓋以右手扼其左臂。曾子左臂立痛，即馳至問母：『臂何故痛？』母曰：『今者客欲去，吾扼臂以呼汝耳。』」後人將「扼臂」改為曾母嚙指，曾參心痛，這就是二十四孝中「嚙指心痛」的故事。

後來，父母兒女同氣連心、互相感應的說法，充斥歷代正史《孝子傳》之中。《梁書·孝行傳》載，南朝齊庾黔婁任孱陵縣令，「忽然心驚，舉身流汗，即日棄官歸家」，果然是父親得了痢疾。《舊唐書·孝友傳》載，蒲州安邑人張志寬為里正，向縣令請假說：「向患心痛，知母有疾。」縣令把他扣押起來，派人到家驗看，果然是他母親病了。裴敬彝的父親任內黃（今屬河南）縣令而猝死，遠在長安的裴敬彝忽然泣涕不食，「倍道言歸，果聞父喪」。

儒家既然強調子女膝下盡孝，父母一旦遇到重病、大災大難，怎麼能通知遠處的遊子呢？又怎麼能讓他們迅速回到膝下呢？博大精深的中國孝文化不僅使許多遠離父母的遊子憑著「同氣連心」的心理感應迅速回到父母身邊，還荒唐而合理地發現了人的「第六感覺」。

據此，是否可以說，從認識論和倫理學的角度，孝是後天的，從生理學角度講，孝有先天的成分。這個問題只好留待日後解決。

孟子主張性善論，認為孝是天生的。《孟子·告子上》載：「仁、義、禮、智，非由外鑠我也，我固有之也。」如果在孔子那裡是「事親必須孝」，到孟子就變成「人本來就孝」。孟子談孝並不是像後世統治者那樣，使孝成為一種外在的、強制的東西，而認為孝是人內心深處親情的自然流露。

《孟子·盡心上》載：「孩提之童無不知愛其親者，及其長也，無不知敬其兄也。親親，仁也；敬長，義也；無他，達之天下也。」他主張孝應該來源於對「親」的天然之愛，而不是一種外界強加於世人的倫理綱常。孟子的「孝」更加人性化，更加容易被人接受和理解。

《孟子·盡心上》講：「君子有三樂，而王天下不與存焉。父母俱在，兄弟無故，一樂也；仰不愧於天，俯不怍於地，二樂也；得天下英才而教育之，三樂也。」後人把孟子的「三樂」稱作「平安樂，正氣樂，育人樂」。孟子把父母長壽，兄弟健康，一家老小平安，視為一種天倫之樂，視為子女一種愉悅的感覺，強調從孝中體會樂，所透露出來的正是發自心靈深處的、不加任何雕琢和文飾的「孝」。

孟子為我們提出了一個有深度的倫理問題：天倫之樂是單向的，還是雙向的？父母鞠養兒女無疑是一種快樂、一種天倫之樂。東漢明帝馬皇叫「含飴弄孫」，意思是祖父母用麥芽糖逗著孫子玩，從中享受天倫之樂。孝敬父母，是否也是子女的一種天倫之樂呢？子女剛生下來，父母為孩子把屎把尿時，絲毫沒有不衛生的感覺，反而沉浸在為人父母的喜悅、光榮、自豪當中。也就是說，父母鞠養兒女是一種實實在在的天倫之樂，是一種愉悅的感覺、享受。可是父母老了，子女為父母端屎端尿，擦身體，洗被褥的時候，能否也沉浸在為人子女的喜悅、光榮和自豪之中呢？不客氣地說：不能！充其量能意識到，這是子女應盡的義務就不錯了。大部分認為，這是子女的負擔、累贅！這對天下父母公平麼？能不讓天下父母寒心麼？而孟子孝意識的現代價值，就在這裡。

（三）強調子女的膝下盡孝

孔子強調：「親生之膝下，以養父母日嚴（敬）。」在飲食起居方面，儒家的孝道有一個鮮明的特徵，即強調子女膝下盡孝，讓父母沉浸在子女敬愛、體貼和溫暖的天倫之樂當中。用現在的話講，是強調兩代人心靈的溝通和感情的交流，使父母從兒女這個真實的存在中，獲得直截了當的精神消費。這就是中國的兒女情長，也是中國人最真摯、最根本的人情味。也是儒家的孝道在西方社會最有魅力，最有感染力的地方。

前面提到孔子「父母在，不遠遊。遊必有方」的話。過去，我們一直批判這一觀念是目光短淺、狹隘的小農意識。「十五男兒志三千。」它嚴重束縛了子女的遠大志向和開拓、創業精神。近人吳虞在〈說孝〉中認為，片面講「父母在，不遠遊」，美洲就沒人發現了，南北極就沒人探險了。其實，孔子沒有片面，他一方面強調「父母在，不遠遊」，另一方面又強調「遊必有方」。「方」，許多經學家都解釋為「常」、「常處」。其實不全面，應當解釋為道理、理由。也就是說，只要有理由、有道理，是可以遠遊的。否則，孔子的「克己復禮」、「任重而道遠」、「可以託六尺之孤，可以寄百里之命」，還有「殺身以成仁」等等治國平天下的主張，就無法落實了。孔子周遊列國，跟隨他的弟子們恐怕大部分都「父母在」吧？

社會越是現代化，就越減少了人與人實體的接觸，電視機的出現，把全家人圍坐的圈拆成了一條線。網路的出現，使分散在天涯海角的親友也能坐在一起打牌玩樂。養老院、暖氣、電熱毯、電風扇、空調，以及手機的普及，使遠在四方的遊子也能做到「冬溫夏凊，昏定晨省」。可電風扇扇出的風，和子女坐在身邊用芭蕉扇扇出的風，滋味能一樣嗎？現代人似乎也窺視到了「膝下盡孝」、「父母在，不遠遊」所蘊含的親情，現在叫「常回家看看」。

（四）把孝放在國法、公理之上

或者說，孝就是國法，就是公理。從子為父隱，可以看出，中國古代主張執法如山、大義滅親的清官思想不是出於儒家。儒家雖然倡導「天下為公」，強調「無偏無黨」，卻沒衝破宗法血緣的局限。為了「尊尊親親」，儒家的「子為父隱」以掩蓋事實真相，或者說是顛倒黑白的方式來維護尊長的顏面。在它面前，沒有了善惡是非，沒有了大義滅親，它不僅使人們的道德是非觀念失衡，甚至干擾了古代法律應有的公正。

孔子是儒家，而不是法家，他的「父兄之仇，不共戴天」，只有孝，沒有法。他不提倡運用法律來維護自己的合法權益，而是用喪失理智的衝動、毆殺來達到目的。孔子也講過「血氣方剛，戒之在鬥」，可涉及父仇，就不冷靜了。

用現在的話講，就是法制觀念淡薄。他的主張在相當程度上影響、左右了後世孝子們的行為，導致了歷史上凡報父仇的行為，大多都觸犯法律。中國的普通民眾都知道「殺人者死，傷人者刑」，唐律中亦有「法，殺人必死」，但就是不知道運用這合法的法律手段。父仇不共戴天，明知要死，明知要受到法律的制裁，也要為父報仇。在指責我們的孔夫子，感嘆中國人法制觀念淡薄的同時，我們還應該看到：傳統法律的失職和不公！古代一介平民真要拿起法律武器，又有幾人能如願以償？再說了，如果殺人者受到應有的制裁，還用得著兒子以身試法，去報父仇麼？

三、孝道的外延

孝的親族性外延即「睦於父母之黨」。《禮記．坊記》子曰：「睦於父母之黨，可謂孝矣。」

宗法家庭觀念的牢固，使古代存在許多同居共財的家庭。東漢樊宏「三世共財，子孫朝夕禮敬，常若公家」[162]。唐朝張公藝九代同居，北宋江州德安陳氏十三世同居。最著名的是浙江金華府浦江縣的鄭氏家族，從宋理宗寶慶三年（西元 1227 年）開始兄弟同居，到明代天順三年（西元 1459 年）因火災而分居，歷經南宋、元、明三代，共 13 代，

[162] 《後漢書．樊宏傳》，北京：中華書局，1965 年版。

332 年。累世同財共食，和睦相處，人數最多時達 3,000 餘人，以孝義齊家名冠天下，被稱作「鄭義門」。元武宗至大（西元 1308—1311 年）年間表其門閭為「東浙第一家」。明洪武十八年（西元 1385 年），朱元璋賜封其家為「江南第一家」。建文帝御書「孝義家」三字賜之。明初文學家方孝孺〈鄭義門〉稱讚說：

丹詔旌門已拜嘉，千年盛典實堪誇。

史臣何用春秋筆，天子親書孝義家。

《元史．孝友一．鄭大和傳》載，鄭大和「主家事」時，「家庭中凜如公府，子弟稍有過，頒白者猶鞭之」。鄭大和方正至孝，「冠婚喪葬，必稽朱熹《家禮》而行執。親喪，哀甚，三年不御酒肉。子孫從化，皆孝謹。雖嘗仕宦，不敢一毫有違家法」、「家畜兩馬，一出，則一為之不食，人以為孝義所感」。《明史．孝義一．鄭濂傳》載，鄭文融字太（大）和，「著《家範》三卷，共五十八則」。到其孫鄭濂兄弟，「共相損益，定為一百六十八則，刊行焉」。

似這樣，一個大家庭就是一個小社會，要生活和生產，必須依靠家法、家範、家訓來管理，而維繫它的則是孝，即以孝齊家。

孝的社會性外延是尊老敬長。本書「敬老養老」所敘述的儒家敬老尊長的原則和理想，一直是古代人民的行為規範。

尊師也是孝的社會性外延。

《國語．晉語一》載：「民生於三，事之如一。父生之，師教之，君食之。」

韓愈《師說》講：「師者，所以傳道、授業、解惑者也。」

《禮記．曲禮上》載：「從於先生，不越路與人言。遭先生於道，趨而進，正立拱手，先生與之言則對，不與之言，則趨而退。」《宋史．楊時傳》載，北宋楊時 40 歲時，與遊酢拜見老師程頤，適逢其瞑坐。天下著大雪，二人在門外「侍立不去，頤既覺，則門外雪深一尺矣」。這一「程門立雪」的故事，被古代譽為尊師重道的典範。

周武王尊姜太公為師，稱「師尚父」。在中國社會都稱老師為師父，遵守「一日為師，終身為父」的道德規範。如，先生死，「心喪三年」。

孝的政治性外延即為忠君。

忠君意識的形成要晚於孝親意識。儒家雖然講「孝慈則忠」、「夫孝始於事親，中於事君，終於立身」、「君子之事親孝，故忠可移於君。事兄悌，故順可移於長。居家理，故治可移於官」[163]，但春秋戰國時，嚴格的忠君意識還沒有形成。如上述「儒學的流程」中所講，孔孟倡導的忠君，滲透了濃厚的商業交換意識和君臣間的雙向選擇。這種君臣觀念，不是後來的愚忠，帶有鮮明的外在互尊、互惠、等價交換的商業意識。孔子並不強調放棄孝而成就忠。《韓非子·五蠹》載：「魯人從君戰，三戰三北，仲尼問其故。對曰：『吾有老父，身死莫之養也。』仲尼以為孝。」上述孔子斥責楚人「直躬之信，不若無信」，也是這種態度。甚至到西漢時期，世俗社會也把忠、孝各自分開。《漢書·王尊傳》載，王陽為益州刺史，行部至邛崍九折阪，嘆曰：「奉先人遺體，奈何數乘此險。」以病辭官。王尊為益州刺史，走到該處，說：「此非王陽所畏道邪？」、「驅之，王陽為孝子，王尊為忠臣。」後人稱作「王陽回車，王尊叱馭」。

君臣間的互尊、互惠、等價交換意識，又決定了君臣間的雙向選擇。孔子曰：「君擇臣而任之，臣亦擇君而事之。」[164]《左傳·哀公十一年》載，子曰：「鳥則擇木，木豈能擇鳥。」後來叫「良禽擇木而棲，賢臣擇主而事」。《後漢書·馬援傳》載，東漢光武帝劉秀角逐天下時，馬援對他說：「當今之世，非獨君擇臣也，臣亦擇君矣。」

[163] 《孝經》之〈開宗明義章〉、〈廣揚名章〉，載《十三經註疏》，北京：中華書局，1980 年影印版。
[164] 《後漢書·鄧禹傳》引《孔子家語》，北京：中華書局，1965 年版。

從西漢董仲舒倡言三綱五常後，逐漸淡化「君明」、「父慈」，強化「臣忠」、「子孝」，以後便形成了愚忠、愚孝意識。其表現有三：

其一，忠臣不事二主，由君臣間的雙向選擇變成了單向選擇。《史記·田單列傳》稱：「忠臣不事二君，貞女不更二夫。」到兩漢，便有了落實的土壤。

其二，君叫臣死，臣不死不忠；父叫子亡，子不亡不孝。臣子對君父的依附關係更加嚴格，臣子完全失去獨立的人格，實際上還是專制君權惡性膨脹的產物。歷史上沒有幾個父親叫親生兒子死，世俗社會叫「老牛舐犢」，而皇帝殺戮大臣卻是司空見慣的。

《史記·晉世家》載，春秋晉獻公的太子申生把祭祀母親的胙肉獻給父親，晉獻公的寵妾驪姬把毒藥放到肉中陷害申生。申生不辯解而出奔。晉獻公大怒，殺死了太子傅杜原款。有人說：「為此藥者乃驪姬也，太子何不自辭明之？」申生是個孝子，說：「吾君老矣，非驪姬，寢不安，食不甘，即辭之，君且怒之，不可。」說完，申生就自殺了。申生早於孔子 100 多年，與儒家的孝道沒有關係，只能看成是這種愚孝行為的淵源。

中國歷史上第一個實踐這一愚忠愚孝的是秦朝將軍蒙恬和秦始皇的長子扶蘇。

秦始皇死後，趙高偽造詔書，將長子扶蘇、將軍蒙恬賜死。當時，蒙恬率30萬大軍防禦匈奴，扶蘇為監軍，二人手握重兵，若舉兵反叛，勢不可擋。接到詔書，扶蘇就想自殺。蒙恬覺得有詐，讓他「復請，復請而後死，未暮也」。仁孝的扶蘇說：「父而賜子死，尚安復請？」[165] 遂自殺以遵「父命」，成為「父叫子亡，子不亡不孝」的第一個殉道者。蒙恬臨死時說：「臣將兵三十餘萬，身雖囚繫，其勢足以倍畔，然自知必死而守義者，不敢辱先人之教，不敢忘先主也。」[166] 遂吞藥自殺，成為「君叫臣死，臣不死不忠」的殉道者。

明末魏禧《日錄》甚至說：「父母即欲以非禮殺子，子不當怨，蓋我本無身，因父母而後有，殺之，不過與未生一樣。」這是典型的封建愚昧，為了孝，連基本的生存權利都不要了。

其三，忠孝不能兩全。《韓非子》記載的那個「三戰三北」的魯人，在孔子看來，還是孝子，到漢武帝後就不是了。《大戴禮記‧曾子大孝》稱：「戰陣無勇，非孝也。」《隋書‧高熲傳》載，北周末年，尉遲迥起兵，執政的楊堅派高熲任監軍前往平定叛亂。「熲受命便發，遣人辭母，云忠孝

[165] 《史記‧李斯列傳》，北京：中華書局，1959年版。
[166] 《史記‧蒙恬列傳》，北京：中華書局，1959年版。

不可兩兼，歔欷就路」。在古代，只要講「忠孝不能兩全」，就是要求臣子放棄孝而成全忠。

四、孝道的強化

「孝」和「孝道」是兩個不同的範疇。孝是人類血緣間子女對父母的自然親情；孝道是被儒學家和統治者強化、外延、扭曲並推向極端的封建倫理道德。實際上，在日常生活中並沒有截然分開，統屬於孝文化意識。

原始公社以前沒有孝。《呂氏春秋·恃君覽》載：「昔太古嘗無君矣，其民聚生群處，知母不知父，無親戚、兄弟、夫妻、男女之別，無上下長幼之道，無進退揖讓之禮，無衣服、履帶、宮室、畜積之便，無器械、舟車、城郭、險阻之備。」

氏族公社時期始形成孝。《禮記·禮運篇》載：「大道之行也，天下為公。選賢與能，講信修睦。故人不獨親其親，不獨子其子。使老有所終，壯有所用，幼有所長，矜、寡、孤、獨、廢疾者皆有所養。男有分，女有歸。貨惡其棄於地也，不必藏於己；力惡其不出於身也，不必為己。是故謀閉而不興，盜竊亂賊而不作。故外戶而不閉。是謂大同。今大道既隱，天下為家。各親其親，各子其子。……」

從「不獨親其親，不獨子其子」，到「各親其親，各子其子」可以看出，孝意識的產生是在原始氏族社會，進入階級社會後，由氏族社會的群體孝意識轉變為個體孝意識。

漢代按照「求忠臣必於孝子之門」的原則，詔地方郡國向朝廷推「舉孝廉」，國家正式以選官制度為孝道提供保證。社會上形成向孝的風俗。正常的孝視為平淡，許多人不惜超越禮制，孝出個高水準，高難度，以引起社會和朝廷的注意。於是，孔孟原來的孝被強化，走上了愚孝的道路。

（一）「孝道」的經典化、典型化、世俗化

儒家關於孝的論述主要在《論語》、《孟子》、《禮記》、《儀禮》、《左傳》、《詩經》中，但它們是全面反映儒家思想的經典，而不是論孝的專篇。

孔門弟子曾參彙集孔子的語錄，著成了《孝經》，是宣傳孝道的經典。

西漢末劉向著《孝子傳》，首開孝子典型化的先例。

《後漢書》卷三十九〈劉趙淳于江劉周趙列傳〉是專門記載孝子的篇章，但沒以「孝子傳」命篇。從南朝沈約撰《宋書》開始，歷代正史都有各種名目的《孝義傳》、《孝子傳》、《孝行傳》、《孝感傳》、《孝友傳》，使歷代的孝子名垂青史。除儒家經典、各代正史外，還有許多獨立成書的《孝子傳》、《孝行錄》、《女孝經》等連篇累牘的勸孝、訓孝的著作，儒家的孝道越發經典化。

元代郭居敬將歷史上曾參、閔子騫、老萊子等 24 人的孝行彙集起來，編著成《二十四孝》，王克孝又繪《二十四孝圖》，後來又有《女二十四孝》、《女二十四孝圖》。

在二十四孝中，子路為親負米、丁蘭刻木事親、孟宗哭竹、王祥臥冰等，是對父母生事奉養方面的典範；董永賣身葬父，是送終盡孝，葬親以禮方面的典型；黃香溫席、吳猛恣蚊飽血，是「冬溫夏凊」方面的典範；老萊子娛親，是膝下歡娛雙親的典範；伯俞泣杖是對父母逆來順受的典範……他們在孝行的各個方面，為人們樹立了明確的學習榜樣。儒家的孝道越發典型化。

孝的世俗化，是指世俗社會對儒家孝道的接受、認同和流行。儒家倡導的各種道德，最早落實到世俗社會的是孝，早在儒家之前就有了。齊桓公「誅不孝」的移風易俗措施，業已推動了孝的世俗化。東漢嘉祥武氏祠畫像石，有個「三州孝人」，說的是來自不同州的三個流浪漢，在交往中感情加深，願結為家庭不再過流浪生活。兩個年輕人認年長者為父，就像對待親生父親一樣地孝順。他們已在不知不覺中傳承了儒家「年長以倍，則父事之」的孝道。

《顏氏家訓 · 勉學》稱：「孝為百行之首。」說明儒家的孝道已滲透到社會的各行各業。歷代的文人學士寫下了許多宣傳、歌頌孝道的詩文。西晉李密為奉養祖母，拒絕晉武帝徵他做官的詔命，寫下了〈陳情表〉，詞意悽惻婉轉，催人淚下，被後世奉為孝的代表作。民間有讀李密的〈陳情表〉不落淚，即為不孝的傳說。唐詩人孟郊〈遊子吟〉詩：「慈母手中線，遊子身上衣。臨行密密縫，意恐遲遲歸。誰言寸草心，報得三春暉。」歌頌了偉大的母愛，成為傳誦世間的千古絕唱。南宋學者王應麟編〈三字經〉云：「香九齡，能溫席。孝於親，所當執。融四歲，能讓梨。弟於長，宜先知。首孝悌，次見聞。」讓儒家的「冬溫夏凊」、「孝悌」，婦孺皆知、家喻戶曉。

孔子的「父之仇，弗與共戴天」，更是得到世俗社會的認同。《新唐書．孝友傳》載，唐朝巂州都督張審素遭陳纂仁誣告謀反，被監察御史楊汪斬首，「沒其家」。張審素的兒子張瑝 13 歲，張琇 11 歲，為父報仇，殺死楊汪，被押赴刑場處斬。張琇「色自如」，曰：「下見先人，復何恨！」、「人莫不閔之，為誄揭於道，斂錢為葬北邙，尚恐仇人發之，作疑塚，使不知其處」。兩個為父報仇的小孩竟然轟動世俗，不僅為他倆滿路懸掛誄文、揭帖，而且掀起一場捐錢修墓的熱潮。

（二）孝道的政治化、法律化

上述「喪葬風俗」述及的、古代不為父母守制的法律規定，就是孝道政治化的展現。自從漢武帝「罷黜百家，獨尊儒術」後，古代國家政治制度處處關照著儒家的孝道。

漢武帝元光元年（西元前 134 年），遵照「求忠臣必於孝子之門」[167] 的原則，「初令郡國舉孝廉各一人」[168]，由朝廷任命為官。「孝廉」即孝子和廉吏，是漢代士人入仕的正途，國家正式以選官制度為孝提供保障。

自隋朝到清朝的法律，都把「不孝」列於「十惡之條」，是十惡不赦之罪。

前面說到，儒家的「子為父隱」影響到法律應有的公正。中國古代法律中的「親親相隱不為罪」、「親不為證」，以及「存留養親」制度，都是法律不公正的表現。

1. 子孫告父母、祖父母者死

《漢書 · 宣帝紀》載：「自今子首匿父母，妻匿夫，孫匿大父母，皆勿坐。其父母匿子，夫匿妻，大父母匿孫，罪殊死（斬首），皆上請廷尉以聞。」、「首匿」，指作為首謀而藏匿罪人，即現在的窩藏、包庇。兒子首匿父母，妻子首匿丈夫，孫子首匿祖父母，法律一概不予追究。父母首匿兒子，丈夫首匿妻子，祖父母首匿孫子等尊者首匿卑者行為，凡是死罪都要透過廷尉上奏皇帝做出決斷。在法律上，叫「親親得相首匿」。《魏書 · 竇瑗傳》載：「案律，子孫告父母、祖父母者死。」據該篇竇瑗上書和其他官員的討論情況，即便是「母殺父」、

[167] 《後漢書 · 韋彪傳》，北京：中華書局，1962 年版。
[168] 《漢書 · 武帝紀》，北京：中華書局，1962 年版。

「父殺母」，兒子也「不得告，告者死」。到《唐律疏議·名例》發展為「親親相隱不為罪」、「親不為證」。

2.「存留養親」制度

「存留養親」制度是講，當父母、祖父母唯一的兒子、孫子犯了死罪，家中再無別丁贍養，可赦免其死罪。該制度始於東晉，入律於北魏，延續到明清。

《太平御覽》卷六四六〈刑法·棄市〉引《東書》載：咸和二年（西元 327 年），句客令孔恢罪棄市。詔曰：「恢自陷刑網，罪當大辟。但以其父年老而有一子，以為惻可特原之。」這雖不是朝廷正常的法律規定，但已開「存留養親」的先例。

「存留養親」制度是北魏孝文帝拓跋宏太和十二年（西元 488 年）下詔創制的。《魏書·刑罰志》載，北魏的《法例律》規定：「諸犯死罪，若祖父母、父母七十以上，無成人子孫，旁無期親者，具狀上請。流者鞭笞，留養其親，終則從流，不在原赦之例。」也就是說，對於身犯死罪，父母、祖父母沒有成人子孫，又無親近的親屬，可以申請皇帝批准，讓他們暫留在家養老送終後再執行死刑。犯流刑者，實施鞭笞之刑後，可存留養親，父母死後再流放。

《魏書·刑罰志》還記載了當時一個案例：河東郡李憐因投毒被判死刑。其母陳訴，自己年老，沒有其他親人，依法應該申請存留養親。州郡考核後，還沒申請下來，李憐的母親就去世了。州郡做出判決，准許他為母親服孝三年後再執行死刑。可司州主簿李瑒堅持，已經給他假期，安葬母親完畢，應馬上執行，不能再拖了。最後，朝廷採納了李瑒的意見。

《元史・袁裕傳》載，順天路（治今河北保定）王佳兒「因鬥誤殺人，其母年七十」，言於朝廷說：「妾寡且老，恃此兒以為生，兒死，則妾亦死矣！」元世祖赦免王佳兒死罪。《元史・文宗本紀四》載：「寧國路涇縣民張道，殺人為盜，道弟吉從而不加功（協同而無行動），居囚七年不決。吉母老，無他子孫，中書省臣以聞，敕免死，杖而黜之，俾養其母。」

3. 在禮，父仇不同天；在法，殺人必死

如何處理像上書王君操、張琇一類報父仇的孝子，成為歷代法官的難題。《新唐書・孝友傳》記載了唐朝歷史上曾發生的多起為父報仇的案例，同時也記載了州縣官吏、朝中大臣、當朝天子之間對禮、法的探討。唐朝名臣陳子昂、柳宗元、張九齡、裴耀卿、韓愈等，都參與了辯論，最後的結果竟然徘徊在「在禮，父仇不同天；而法，殺人必死」之間，既可法外施恩，又可明正典刑。同是報父仇而殺人，王君操、趙師舉、康買德得免死，同蹄智爽、余常安、張琇、張

瑝被判死刑。無論是主張殺，還是免，都透露著對「服孝死義」者的肯定和人格讚許，對儒家孝道的關照。陳子昂甚至主張先將復仇者「置之以刑，然後旌閭墓」。

甚至古代還形成了一種本末倒置的法律觀念：不報父仇者，反倒法不容情！孫光憲《北夢瑣言》卷十八載，後唐襄邑人周威的父親為人所殺，不雪父冤，與仇家和解，唐明宗降敕賜死。本來不去違法殺人報仇，是遵法的忠順表現，但這樣做為常理所不容，因而被賜死。

（三）孝道內容上的絕對化、極端化

漢武帝詔舉孝廉，使孝子有了出仕做官之路。這一巨大的政治吸引力，使人們不擇手段地博取孝子的美名。正常的孝被視為平淡，必須變本加厲，超越禮制，孝出個高水準，高難度，才能引起社會和朝廷的注意。於是，孔孟的孝被扭曲了，形成了愚孝、假孝的陋俗。

1. 欺世盜名的假孝

《後漢書 · 陳蕃傳》載，東漢趙宣打破為父母服喪三年的常規，住在父母的墓道裡行服 20 年，成為鄉里聞名的大孝子。郡內推薦給樂安太守陳蕃，經過查問，趙宣的五個兒子都是行服中生的，這是欺世盜名的假孝。東晉孫盛《逸人傳》載：「丁蘭者，河內人也，少喪考妣，不及供養，乃刻木為人，彷彿親形，事之若生，朝夕定省。後鄰人張叔妻從蘭妻借看，蘭妻跪報木人，木人不悅，不以借之。叔醉，疾來酣罵木人，杖敲其頭。蘭還，見木人色不懌，乃問其妻，具以告之，即奮劍殺張叔。吏捕蘭，蘭辭木人去。木人見蘭，為之垂淚。郡縣嘉其至孝，通於神明，圖其形象於雲臺也。」東漢應劭《風俗通義·衍禮》談到「繼母如母」時講：「世間共傳，丁蘭尅（刻）木而事之。」看來，漢代已流傳二十四孝中「丁蘭刻木」的故事了。這更是一種虛偽的、毫無疑義的「死孝」、「假孝」。

扭曲了的愚孝、假孝表現在喪葬禮俗上有一讓人極其憤慨的現象——「生不養，死厚葬」。後世社會中對父母生前不養，喪事大肆操辦的陋俗，開始於漢代。到近代，追求喪禮隆重、虛榮，竟然愈演愈烈。民國二十四年《臨朐續志》[169] 評論說：「不如是，則世俗即謂之不孝。而金鼓洋洋，炮聲隆隆，送死凶禮儼同慶賀榮典，甚至有其父母生時視之若僕婢，死後隆以虛禮，奉之若王公者，而不知椎牛而祭不如雞黍之逮存。」

《韓詩外傳》卷七第七章引曾子語曰：「椎牛而祭墓，不如雞豚之逮（到，及）親存。」這句話發人深省，意思是

[169] 丁世良、趙放主編：《中國地方志民俗資料彙編》華東卷上引，北京：書目文獻出版社，1995 年版，第 202 頁。

說，如其父母死後殺牛祭墓，隆重地大操大辦喪事，還不如趁父母活著的時候，殺隻雞，買點豬肉，好好孝敬他們。如此簡單、實際的道理，卻很少有人理會。

到東漢後期，這種虛偽的假孝引起世俗社會輿論的普遍譴責。時人攻擊那些以欺世盜名手段獲取的孝廉是：「舉秀才，不知書；察孝廉，父別居。」[170]

2. 驚世駭俗的愚孝

漢代塑造出了許多極端的孝子典範，有的甚至十分滑稽、荒唐，以達到驚世駭俗的效果。《漢書 · 鄒陽傳》講：「里名勝母而曾子不入；邑號朝歌（清早唱歌，沉迷於聲色），而墨子回車。」至孝的曾子因「勝母」之名，竟不入這個街坊，顯然是後世編造的。上述父母喪終身不食鹽及調味品，荒誕離奇的避父祖名諱行為，《說苑》中「伯俞泣杖」，師覺授《列女傳》中的「老萊子戲綵娛親」，剛才談的「丁蘭刻木」、「生事奉養」中的「王祥臥冰」等，強調對父母不切實際的、超負荷的投入，都是驚世駭俗的愚孝，也都有誇張、操作的成分。

西漢劉向《孝子圖》[171] 記載了兩則驚世駭俗的愚孝，後來都錄入二十四孝中。

[170] 〈抱樸子 · 外篇 · 察舉〉，載《諸子整合》，上海：上海書店，1986 年影印版。
[171] 《太平御覽》卷四一一〈人事部五二 · 孝感〉引，北京：中華書局，1960 年影印版。

一則是「郭巨埋兒」。西漢郭巨甚富，「父沒（死）分財，二千萬為兩分，與兩弟，己獨取母供養，寄住。鄰有凶宅，無人居者，共推與之，居無禍患。妻產男，慮養之則妨供養，乃令妻抱兒，欲掘地埋之。於土中得金一釜，上有鐵捲云：『賜孝子郭巨。』……遂得兼養兒。」一個家資千萬的「富二代」，把家產全部分給弟弟，自己淨身出戶，寄住別人家，還得供養老母，這可能麼？生了兒子後怕無力贍養老母，竟殘忍地想將兒子活埋，這太荒誕離奇了。在別人家的宅院掘地得金，還多少有點可能，可上面有鐵卷書字，就神了。除製造驚世駭俗的效果外，還是對孝道的神化。

如此殘忍的愚孝，後世竟然還有人效法。《宋書．孝義傳》記載了一個真實的郭世道「埋兒」的故事，與郭巨不同的是，郭世道家貧，贍養的是後母，也沒從地下掘出金子來。為了贍養後母，郭世道竟然真的把親兒子活埋了。南朝宋文帝還旌表這一孝行，把郭世道居住的獨楓里改為孝行里。

第二則是「董永賣身葬父」。

西漢千乘（今山東博興）人董永父亡，無錢安葬，向人借錢一萬，對錢主說：「後若無錢還君，當以身作奴！」董永到錢主家為奴的路上，逢一婦人，願意當他的妻子，一起和他還債。到了錢主家，錢主說：「為我織千匹絹，即放爾夫妻。」結果，妻子僅用十天就織完了。回家的路上，董妻說：「我是天之織女，感君至孝，天使我償之，今君事了，不得久停。」說完，就飛走了。

山東嘉祥東漢武氏祠有董永鹿車載父，在田間耕作的畫像石，老人上方刻「永父」二字，董永身旁刻「董永千乘人也」。這個後出現的董永只是孝養其父，並沒有賣身葬父的情節。西漢劉向《孝子圖》顯然有虛構的成分。三國曹植〈靈芝篇〉「天靈感至德，神女為秉機」的詩句，東晉干寶的《搜神記》卷一對董永賣身為奴，葬父還債，織女幫助償債的相同記載，進一步坐實了「董永賣身葬父」的情節，成為家喻戶曉的孝親典型。

從此，子女們在父母入土為安的長眠中，逐漸喪失了自我。

董永鹿車載父

3.「風木嘆」和「蓼莪詩」

對父母的生事奉養也越發強調其緊迫性，叫做「樹欲靜而風不止，子欲養而親不待」。漢韓嬰《韓詩外傳》卷九第三章載，孔子周遊列國，見皋魚（《說苑．敬慎》、《孔子家語·致思》為「丘吾子」）被褐擁鐮，哭於路旁，皋魚曰：「吾失之三矣：少而學，遊諸侯，以後吾親，失之一也；高尚吾志，間吾事君，失之二也；與友厚而小絕之，失之三矣。樹欲靜而風不止，子欲養而親不待也。往而不可追者，年也；去而不可得見者，親也。吾請從此辭矣。」立槁（枯乾）而死。孔子曰：「弟子誡之，足以識矣。」於是門人辭歸而養親者十有三人。

這樣，子女不得不放棄自身價值的實現，而把「膝下盡孝」放在首位。

「蓼莪詩」是《詩·小雅·蓼莪》。清人方玉潤稱〈蓼莪〉是「千古孝思絕作，可抵一部《孝經》」。後來，「蓼莪」成為感念父母之恩的代名詞。坐落在江蘇省常州市武進縣（今武進區）潘家鎮南的蓼莪禪寺，又名蓼莪庵，始建於東晉，是為紀念孝子王裒而建的，也是中國唯一的一座孝子寺。

《晉書·孝友傳》載，王裒是西晉城陽營陵（今山東昌樂東南）人，父親王儀被司馬昭殺害，他隱居以教書為業，終身不面向西坐，表示永不做晉臣。他在父親墓旁建一廬舍，「旦夕常至墓所拜跪，攀柏悲號」，眼淚灑到柏樹上，柏樹為之枯萎。王裒的母親在世時怕雷聲，死後埋葬在山林中。每當下雨打雷，王裒就跑到母親的墳前，跪拜安慰母親說：「裒在此。」後來，王裒的孝行被編入「二十四孝」中，叫做「聞雷泣墓」。王裒教授學生〈蓼莪〉篇，「及讀到『哀哀父母，生我劬勞』，未嘗不三複流涕，門人授業者並廢〈蓼莪〉之篇」。這個典故叫「王裒詩廢〈蓼莪〉」。南宋陸游〈焚黃〉詩曰：「早歲已興風木嘆，余生永廢蓼莪詩。」詩中的「風木嘆」是指「樹欲靜而風不止，子欲養而親不待」。後一句自比王裒，一讀〈蓼莪〉中的「哀哀父母，生我劬勞」，就悲傷流涕，因而不能讀。讀〈蓼莪〉詩悲傷流淚可以理解，「授業者並廢〈蓼莪〉之篇」、「余生永廢蓼莪詩」，這也太誇張了吧？

4. 刲（ㄎㄨㄟ）股療親的陋俗

中國古代的割股陋習肇始於先秦。《莊子．盜蹠》記載，春秋時期，晉國介子推自割股肉給流亡在外的晉文公吃。《呂氏春秋．當務》曾記載了兩個齊國勇士，為了顯示勇敢，爭相割下身上的肉當下酒菜，至死而止。以當時的醫療水平，很難保證人割股後不死亡，所以古文獻中刲股割肉的記載並不多。《三國志．魏書．陳泰傳》曾有「蝮蛇螫手，壯士解腕」的說法，那是因手被腹蛇咬傷，不立即截斷手腕就會危及生命，是對生命的珍視，而不是摧殘。

唐朝以前，即便是愚孝、假孝，也基本沒有「割肉療親」的行為。唐朝，愚孝、假孝的陋俗繼續發展，又受中醫理論的誤導，出現了「割肉療親」的惡俗。《新唐書 · 孝友傳》載：「唐時陳藏器著《本草拾遺》，謂人肉治羸（ㄌㄟˊ）疾，自是民間以父母疾，多刲股肉而進。」、「刲股肉而進」，即割下大腿上的肉進奉給父母吃。因此，割肉療親又稱「刲股」。接下來，《新唐書 · 孝友傳》一口氣列舉了 29 人因「刲股」而受到朝廷的旌表的事例。在朝廷旌表制度的激勵下，「割肉療親」的陋俗遂蔓延開來。

兩宋時期，「刲股孝親」變本加厲，有的孝子覺得刲股尚不足以驚世駭俗，出現了割乳、刲肝、抉目、取腦等行為。《宋史 · 孝義傳》載，北宋太原人劉孝忠母病，割股肉、斷左乳以食母。母病心痛，劉孝忠燃火燒灼手掌，代母受痛。又為親求佛，於佛像前割雙股肉燃燈一晝夜。北宋初年，冀州（治今河北柏鄉北）人王翰母親雙目失明，王翰「自抉右目補之」；鄞（今屬浙江）人楊慶，刲股肉以啖父，取右乳和藥以療母，久之乳復生；萊州（今屬山東）人呂升，剖腹探肝以救父。又有朱雲孫夫妻，母親病，丈夫雲孫「刲股」作粥，母親食罷而病癒。後又得病，妻子效法丈夫，「刲股以進」，母親的病又好了。尚書謝諤還專門為她寫了〈孝婦詩〉。

在他們極端「典型」行為的光環之下，一般割股療親的孝行，都顯得微不足道了。

「刲股孝親」的行為本身就和儒家「身體髮膚受之父母，不得毀傷」的說法背道而馳。《姑蘇志》記載，南宋末年，平江府崑山（今屬江蘇）人周津為父割股療疾後，義正詞嚴地說：「父母遺體，豈能毀傷？然因所予者，還以奉之，詎（怎）為過耶？」

元明清三朝，是「刲股」之風最慘烈的時代，有人甚至屢次割股，夫妻爭相割股，亦有斷指、割臂、刲肝、剖心、齧蛆者，甚至有殘忍地殺兒救母者，實在大違人道，以至於筆者不得不廢書而嘆：孝，固然是中華民族的傳統美德，而扭曲了的愚孝又摧殘、塗炭了多少純潔、至誠的生靈？

《明史·列女傳》載，仁和（在今杭州）孝女楊泰奴三割胸肉食母，母病仍不癒，又剖胸割肝一片，甦醒後做成粥給母親吃，終使母親痊癒。新樂（治今山東寧津北）劉孝婦，刺血和藥給婆母吃。婆母又中風臥床，身體腐爛生蛆。劉氏按照當時的迷信說法，用牙齧蛆，蛆不復生。又「刲肉」給婆母吃。此事驚動了明太祖朱元璋，派使者賜衣、賜鈔，並旌表門閭，免除傜役。

《明史·孝義傳》載，山東日照江伯兒，割肋肉為母療疾，不癒，又禱告泰山神，並許願殺子以祭祀。母親病癒後，果真殺死三歲兒子祭祀還願。明太祖聞訊大怒，以「滅倫害理」之罪，將江伯兒杖一百，發配海南，並取消了對

「臥冰割股」一類孝行的旌表。

清初張潮的《虞初新志》[172] 載：明朝南豐（今屬江西）東門人趙希幹，17 歲時母親得了絕症，算命者讓他「割心救之」。趙希幹剖胸摘心救母，胸前肝腸狼藉，鮮血淋漓，甦醒後僥倖活了下來，胸前的腸子卻留在外面，終身改道，大便從胸前的腸子排出，每日糞便滴瀝，汙穢不堪。

上述《呂氏春秋·當務》記載了兩個割身上的肉當下酒菜的齊國勇士，最後評論說：「勇若此，不若無勇。」按照這一論斷，是否也可以說：「孝若此，不若無孝！」

在這裡，筆者絕不是反對孝敬父母，而只是反對極端的愚孝、假孝。在孝道強化的古代，子女們被束縛了個性，喪失了自我，摧殘了生命；在孝道淡化的今天，父母們被束縛了個性，喪失了自我。例如，把子女作為實現自身價值的替代物，忽略了自身價值的充分實現。他們的口頭禪是：「唉！我這輩子不行了，好好培養我兒子吧！」許多年輕父母事業上正如日中天呢，就放棄自己事業上的進取，甘為子女成材的人梯；還有對子女超前的、超負荷的精力、財力投入等等。父母有病，子女因「忙」而不問不陪，寵物狗有病，夫妻倆一起送醫院。這同樣是讓人寒心和深省的。

[172] 《古今圖書整合·家範典·母子部七》引，北京：中華書局，成都：巴蜀書社，1985 年版。

尤其是「帶孫子」的爺爺、奶奶們，聽聽現在的流行語就了解了：

「帶孫子」就是帶著東西，帶著錢，到子女家打工。
沒有孫子盼孫子，有了孫子成孫子。
是主人吧，說了不算。是客人吧，啥活都幹。
是老人吧，沒人待見。是孫子吧，年齡有偏。
是保母吧，一分不賺。是廚師吧，老吃剩飯。
是採購吧，自己掏錢。志工吧，沒人點讚。
自己有病，不敢言傳。怕給子女，增加負擔。
孫子感冒，趕緊住院。擔驚受怕，眼淚流乾。

他們似乎陷入了自己也搞不清，說不明，擺脫不掉的惡性循環。說子女不孝吧，不是；說受虐待吧，也不是；說自己心甘情願吧，不是；說安享晚年吧，更不是。但其中的酸楚和無奈，又不言而喻。筆者不禁要告誡那些兒女們：這是新時代、新形式的「父母生時視之若僕婢」，與赤裸裸地虐待父母同樣讓人寒心！

（四）孝道的宇宙本體化

孝道的宇宙本體化即把孝說成是天地、自然、禽畜、草木都具備的道德秉性，以此來顯示孝的普遍、高尚和必然。

上述「夫孝，天之經也，地之義也，民之行也」是說，天地之中也蘊含著孝道；西晉王裒「攀柏悲號，涕淚著樹，樹為之枯」是說，樹木也同情人間的孝道。

說到樹木，吳均《續齊諧記》[173] 還記載了一段「三田哭荊」的孝悌故事：「京兆田真兄弟三人分財，堂前有紫荊花葉茂異，共議破為三分，明截之。爾夕，樹即枯死。真見之，驚謂弟曰：『花本同株，當分析枯悴，況人。兄弟孔懷，而少離異，是不如樹也。』兄弟相感更合。」明代小說家馮夢龍把這段故事寫進《醒世恆言》中，把分家的責任推到田家老三媳婦身上，賦詩說：

紫荊花下說三田，人合人離花亦然。
同氣連枝原不解，家中莫聽婦人言。

中國有句話叫「人非草木，孰能無情？」其實，草木也有孝親情。類似「三田哭荊」的孝悌事蹟還有很多。

《西京雜記》[174] 載，西漢會稽（今屬浙江）人顧翱的母親好吃雕胡飯，雕胡即菰米，也叫安胡、茭白，是一種淺水生植物，秋季結籽，色白而滑。顧翱經常帶領孩子們四處採

[173] 《太平御覽》卷四八九〈人事部一三〇·別離〉引，北京：中華書局，1960年影印版。

[174] 《古今圖書整合·家範典·母子部·紀事二》引，北京：中華書局，成都：巴蜀書社，1985年版。

摘，並不辭勞苦開鑿管道，引河水自己種植雕胡。後來，雕胡自生於太湖之中，旁邊不生雜草，蟲鳥不來啄食。

《元史·孝友傳一》載，元朝孝子王薦，母親沈氏病渴，對王薦說：「得瓜以啖我，渴可止。」當時數九寒天，大雪封地，到哪兒去找瓜？王薦來到附近的深奧嶺，避雪樹下，想到病重的母親想吃瓜而不得，仰天大哭。忽見岩石間長出青蔓，片刻間生出二瓜。

雕胡和瓜果不僅懂得人間的孝道，而且知道在孝子最需要的危難時刻雪中送炭。

《晉書·孝友傳》載，西晉許孜雙親喪，「每一悲號，鳥獸翔集」。古代流傳最廣泛的是烏鴉反哺、羊羔跪乳的典故。

烏鴉古稱「慈烏」、「孝鳥」。《本草綱目·禽部》稱：「慈烏，此鳥初生，母哺六十日，長則反哺六十日，可謂慈孝矣。」西晉束皙〈補亡詩·南陔〉稱：「嗷嗷林烏，受哺於子。」白居易〈慈烏夜啼〉詩：「慈烏失其母，啞啞吐哀音。」、「聲中如告訴，未盡反哺心。昔有吳起者，母歿喪不臨。嗟哉斯徒輩，其心不如禽。慈烏復慈烏，鳥中之曾參。」

中國的老百姓都知道「羊馬比君子」，講的就是羊羔跪乳、馬不欺母的孝行。文天祥〈詠羊〉詩有「出都不失君臣義，跪乳能知報母情」的詩句。

在古人看來，天地、草木、鳥獸都具備孝的可貴精神和優良品德，都成為顯示孝道的替代物。人們之所以把「孝」映印到各種替代物上，將其提高到宇宙本體論的高度，並謳歌、高揚、強化這些自然物的孝道，目的是為了顯示人的精神、倫理道德的高尚和必然。它在是非判斷上的落點是：人不孝敬父母，天地不容、禽獸不如！

（五）「孝感天地」——孝道的神化

孝道的神化從先秦時期就開始了。《國語．周語下》載：「言孝必及神。」《孝經．感應章》講：「孝悌之至，通於神明，光於四海，無所不通。」《太平御覽》卷四一一〈人事部五二．孝感〉引《孝經左契》：「天子孝，天龍負圖，地龜出書，大孽消滅，雲景出遊。」引《孝經援神契》：「庶人孝則木澤茂，浮珍舒，恪草秀，水出神魚。」

在孝道神化過程中，把儒家義理的天和道家、墨家的善惡報應說、佛教的因果報應論結合起來，並使之具體化、故事化、神祕化，把天塑造成賞善罰惡、伸張正義的主宰，孝子的庇護神，給予人美好的誘導、嚴密的監督，甚至嚴厲的恐嚇、懲罰。

首先，天給那些篤行孝道的孝子以各種形式的救助，使他們孝敬父母的願望得以實現。

《晉書·孝友傳》載：「至誠上感，明祇下贊，郭巨致錫金之慶，陽雍標蒔玉之祉。」郭巨為供養母親，欲掘坑埋兒而得金。孝子陽雍得天神賜予的菜種，竟長出白璧和銅錢，並藉助這些錢財與右北平著姓女子喜結良緣。其他像王祥臥冰而得鯉，王薦仰天大哭而得瓜，天都像雪中送炭似的幫助這些孝子解決孝敬父母中的實際問題。天還給「丁蘭刻木」這種荒唐的「假孝」張目，藉助神靈讓木刻的父母有了活生生的情感。

漢代開始，天就成為不孝的監督和懲治力量。赤眉軍路過「紡織養姑」的姜詩妻門口，說「驚大孝必觸鬼神」，留下米肉，弛兵而過。

隋唐時，佛教的因果報應盛行，世俗社會便把不孝視為「人神公憤」的惡行，形成了「忤逆不孝，天打雷劈」的神靈監督力量。

唐道世撰《法苑珠林》卷四十九載，有一逆子殺父，把屍體「埋之後園」、「天雷霹父屍出」，然後霹死逆子，「身上具題因緣」。

唐人唐臨撰《冥報記》[175]載，隋大業中，河南有一媳婦「養姑不孝，姑兩目盲，婦以蚯蚓為羹」，結果被霹雷震去人頭，換上狗頭。

[175] 《古今圖書整合·家範典·姑媳部·外編》引，北京：中華書局，成都：巴蜀書社 1985 年版。

所以，在世俗社會，凡忤逆不孝者，一般由雷公來執行懲罰。雷公成為伸張孝道的正義法庭。

《雜寶藏經》[176]載，波羅奈國有個慈童女，早年喪父，與母親共居，家中貧窮，靠賣柴薪度日。一開始，慈童女一日得 2 錢，後來一日得 4 錢，日得 8 錢，日得 16 錢，均用來供養母親，母子倆的生活日見好轉。後來，慈童女與人約定入海採寶，母親不同意，慈童女強行離家，還弄下母親的幾十根頭髮。慈童女入海得了許多寶貝，回來的路上，看見一座琉璃城，有 4 個玉女，手擎 4 枚如意珠，唱著歌出城迎接他。慈童女在琉璃城住了 4 萬年，快樂無窮。後來厭煩了，離開琉璃城，又來到頗梨城。有 8 個玉女，擎 8 枚如意珠作樂來迎。住了 8 萬年，比琉璃城更加快樂舒適。住厭煩了，又來到白銀城，有 16 個玉女，擎 16 枚如意珠，歌舞來迎，住了 16 萬年，說不盡的舒適快樂。住厭煩了，又來到黃金城，有 32 個玉女，擎 32 枚如意珠前來迎接，住了 32 萬年，快樂得無法再快樂了。

享盡快樂生活後，慈童女又走進一座鐵城，見一人頭戴鐵火輪，摘下來戴到慈童女頭上就走了。鐵火輪戴在頭上，滋味能好得了麼？慈童女焦灼難熬，問獄卒說：「我戴這火輪，

[176] 《古今圖書整合·家範典·母子部·外編》引，北京：中華書局，成都：巴蜀書社，1985 年版。

何時能摘掉？」獄卒說：「如果有個和你的善業、惡業相同，享的福，受的罪相同，也入海取寶，也沿著琉璃城、頗梨城等過來了，由他來代替才行，如果沒有替身，火輪永遠不能摘掉。」怪不得一入城時，那個戴火輪的摘下火輪戴到我頭上就走了，原來是我是他的替身啊！慈童女這才恍然大悟。

「我過去有什麼善惡福罪？」慈童女接著問。

「你過去用 2 錢供養母親，所以得琉璃城 4 如意珠，4 玉女，4 萬年中享受快樂；用 4 錢供母，得頗梨城 8 如意珠，8 玉女，8 萬年中享受大快樂；用 8 錢供母，得白銀城 16 如意珠、16 玉女、16 萬年中享受更大的快樂；用 16 錢供母，故得黃金城 32 如意珠、32 玉女、32 萬年享受無盡快樂。你扯斷母親的頭髮，今得鐵城火輪之報。有人代替你，才能解脫。」

慈童女又問：「現在鐵城中還有像我這樣受罪的嗎？」獄卒說：「有無數，不可統計。」、「我既然不免，倒不如讓我代替一切受罪者，把他們都解脫了。」慈童女剛默默禱告完，頭上的鐵輪自動脫落。獄卒一見，一鐵叉打在慈童女頭上，死後的靈魂轉世在佛教的極樂淨土兜率天宮。

看來，佛教就是佛教，這一善業有福報，惡業有罪報，積德行善進入涅槃的說教，具有不可抗拒的誘惑力和吸引力，比起直白的「掘地得金」、「蒔玉之祉」等傳統神話來，無論是意境，還是神祕性，顯然更勝一籌。

由於中國社會的宗法倫理特色，在孝道神化的過程中始終沒依附宗教，更沒轉變為一種獨立的宗教精神。相反，宗教卻要依附孝道。佛教最初宣稱不敬父母，不拜王者，入中土後不得不迎合儒家的孝道，塑造了目連救母、妙善救父等具有宗教精神的孝子，佛教的因果報應說還要為儒家的「孝道」服務，與中國古已有之的善惡報應相結合，成為古代社會維存孝行的監督力量。

（六）孝道的文學藝術化

從形式上看，孝道的神化則表現為文學化和藝術化。它透過文學藝術手段演義出美妙動人的傳說、戲劇，給予人美好的嚮往。漢代董永是鹿車載父，在田間耕作的孝子，經過曹植的〈靈芝篇〉，干寶的《搜神記》，唐代的〈董永變文〉，宋元話本《董永遇仙傳》，宋元南戲《董秀才遇仙記》，明清諸多的劇本，由畫像石、詩文、說唱到戲劇，到今天以黃梅戲為代表的、系統完美的《天仙配》，典型地反映了孝道的神化和文學藝術化。

年畫〈天仙配〉

戲劇《清風亭》的創作，則是「孝道」監督力量的神化和藝術化。北宋孫光憲《北夢瑣言》卷八〈張仁龜陰責〉載，登第為官的張仁龜忘記養父的養育之恩，致使其鬱恨而死，由於養父的冥訴，張仁龜自縊罹禍。到明清時，即演義成戲劇《清風亭》，劇情是：張元秀夫妻拾得一棄嬰，取名張繼保，含辛茹苦撫育成人。後張繼保被生母領走，得中狀元，在清風亭巧遇張元秀夫妻。張繼保忘恩負義，把老夫妻當成乞丐，拒絕相認。逼得老夫妻相繼撞死在清風亭前，張繼保因此被暴雷殛（ㄐㄧˊ，殺）死。此劇又名《天雷報》、《雷殛張繼保》，徽劇、京劇、漢劇、川劇、湘劇、晉劇、秦腔、豫劇等均有演出。清代經學家焦循的《花部農譚》說，他於嘉慶二十四年（西元 1819 年）觀看該劇時，「其始無不切齒，既而無不大快」，表現了古代人民對忘記父母養育之恩的憤慨和鞭笞。

五、孝文化意識審視

孝道是儒家思想存在、累積至今，並在中國社會產生廣泛影響的文化意識。它是中華民族突出的傳統美德，又是歷代王朝進行統治的倫理工具。

首先，孝道是朝廷、宗族、家族的規範原則和倫理核心，在「以孝治國」、「以孝齊家」的口號下，專制皇權得以鞏固和穩定，族長、家長得到了最高的權威，幾千年的宗法制度、觀念得以經久不衰。它從思想意識、道德倫理、行為準則等各方面維護了專制制度、宗法社會的穩固。

然而，孝文化意識又培養了炎黃子孫、中華兒女對家國的認同感和歸屬感，成為民族凝聚力和愛國主義的思想泉源。從孝出發，祖先崇拜、父母之邦的觀念，不斷地召喚著海外、境外赤子對國家的依戀和關注。從辛亥革命、抗日戰爭至今，海外華僑表現了極大的愛國熱情，之所以稱他們為「海外赤子」，顯然有孝和血緣親情的因素。中國國內也是如此，尤其是在民族危亡的緊要關頭，一句「骨肉同胞們」，就能使人們熱血沸騰、同仇敵愾，充分顯示了孝意識的偉大力量。

其次，儒家的孝道連繫著兩個不平等的群體，它不是建立在平等人格的基礎上，而是一種以服從尊長意志，壓抑、淹沒後輩的個性和尊嚴，強調上下間的依附、隸屬關係為基礎的倫理道德。它造就了後輩對尊長逆來順受的性格和本能的畏懼，形成了「尊者以理責卑，長者以理責幼，貴者以理責賤」[177] 的居高臨下的固定模式。後輩在尊長面前永遠沒有尊嚴，沒有正確，沒有後來居上。這種對君父逆來順受的行為習慣和思維定式，嚴重地麻醉著民主、民權意識和法制

[177] 戴震：《孟子字義疏證》，北京：中華書局，1982 年版。

觀念的覺醒。中國的民眾家庭向來都是家長制統治，要推行家庭民主不僅艱難，而且荒唐。因為普通百姓都知道「家有千口，主事一人」，決不容許「七口當家，八口主事」。中國民間諺語講：「官打民不羞；父打子不羞。」由此而論，作為已經定位了的臣子向君父要民主、要平等，簡直是大逆不道。

在分析了孝道的消極作用後，我們又不能否認，孝是幾千年來協調、稠密人際關係的倫理工具。在它的影響下，孝順父母、尊老敬長、老有所養，成為幾千年人際關係的共識。人類最偉大的親情得到最大程度的高揚，中國古代的父母獲得了最大的回報和天倫之樂。中國古代很早就有認乾親的風俗，情同父子，親如兄弟，更是人際關係稠密到一定程度的表現，反映了人們對孝的嚮往和人間親情的珍視。

其三，中國的孝文化意識不是以物質功利、以社會發展，而是以倫理道德作為衡量一切的價值尺度。在今天，它已成為社會發展的一種障礙。

隨著世界商品經濟的發展，西方先進國家沒有中國這麼濃厚的孝道和兒女情長，卻促進了養老保險、社會救濟、勞動保護等福利事業的發展，促進了財產繼承法律程序的健全，而中國卻仍然停留在養兒防老、兄弟分家的階段。現代養老保險事業的興起，正在受到孝文化意識的嚴重阻礙。因為中國人仍然以傳統的觀念審視著養老院：父母之所以離開家庭進入養老院，是因為子女不孝。

然而，儘管先進國家養老福利事業先進，外國老人也得到了豐厚的物質享受，卻仍然擺脫不了精神的空虛和寂寞孤獨，他們缺少的正是中國其樂融融的家庭天倫之樂，需要的也是膝下的兒女親情和兩代人心靈的溝通、感情的交流。由此又可展現出孝文化意識在現代社會的生命力和魅力。它的確不是僅用積極、消極，進步、落後等是非判斷、價值判斷所能夠解決的。

現代中國已跨入老齡社會，養老問題不僅是家庭問題，而且是嚴重的社會問題。舊道德的淪喪，傳統孝道不再是束縛身心的枷鎖，這當然是社會的進步，但站在天下父母的立場上看，確有許多不盡人意之處。如何走出孝道的失誤，將孝作為一種自然親情和子女的義務而不是傳統倫理，內化為每個人自覺的道德意識，不讓天下父母寒心，不讓天下兒女束縛個性，不讓社會進步受到障礙，是現代中國社會面臨的嚴肅的道德選擇。

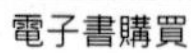

電子書購買

爽讀 APP

國家圖書館出版品預行編目資料

中國社會風俗史——從出生到老年，一窺古代人生觀：送子神祈子、各民族葬法、孝文化體現，傳統觀念溯源 / 秦永洲 著 . -- 第一版 . -- 臺北市：崧燁文化事業有限公司 , 2024.07
面； 公分
POD 版
ISBN 978-626-394-476-3(平裝)
1.CST: 風俗 2.CST: 文化史 3.CST: 中國
538.82 113008947

中國社會風俗史——從出生到老年，一窺古代人生觀：送子神祈子、各民族葬法、孝文化體現，傳統觀念溯源

臉書

作　　者：秦永洲
責任編輯：高惠娟
發 行 人：黃振庭
出 版 者：崧燁文化事業有限公司
發 行 者：崧燁文化事業有限公司
E-mail：sonbookservice@gmail.com
粉 絲 頁：https://www.facebook.com/sonbookss/
網　　址：https://sonbook.net/
地　　址：台北市中正區重慶南路一段 61 號 8 樓
8F., No.61, Sec. 1, Chongqing S. Rd., Zhongzheng Dist., Taipei City 100, Taiwan
電　　話：(02) 2370-3310　　傳　　真：(02) 2388-1990
印　　刷：京峯數位服務有限公司
律師顧問：廣華律師事務所 張珮琦律師

定　　價：399 元
發行日期：2024 年 07 月第一版
◎本書以 POD 印製